Inhaltsverzeichnis

Vorwort

Liebe Kolleg*innen,

die Kindertageseinrichtung hat einen eigenständigen Erziehungs-, Bildungs- und Betreuungsauftrag, der in Deutschland bundesgesetzlich normiert ist (SGB VIII, § 22, Abs. 2). Die Umsetzung dieses Auftrags ist nicht einheitlich, sondern auf Länderebene u. a. über die jeweiligen Gesetze sowie die Bildungs-, Erziehungs- oder Orientierungspläne für Kinder in Kindertageseinrichtungen geregelt. Letztere enthalten im Wesentlichen einen Orientierungsrahmen für die Bildung und Erziehung von Kindern im Alter von 3 – 6 Jahren, berücksichtigen teilweise aber auch Kinder von 0 – 3 Jahren.

In der vorliegenden Projektmappe finden Sie eine Vielzahl an detailliert vorbereiteten Anregungen und Ideen, wie Sie im Rahmen eines Projektes mit den 3- bis 6-jährigen Kindern in Ihrer Kindertageseinrichtung die Lebens- und Kulturwelt der indigenen Völker Amerikas handlungsorientiert und unter Berücksichtigung der verschiedenen Bildungspläne der Länder erarbeiten können. Einige Aktivitäten richten sich auch an die Zielgruppe der 1- bis 2-jährigen Kinder oder können an dieses Alter angepasst werden, zum Beispiel ein Fingerspiel, Singspiele, der Einsatz von Naturmaterialien, hauswirtschaftliche und einfache Bastelangebote …

Alle Vorschläge sind einem Bildungsbereich zugeordnet, berühren aber immer mehrere Bereiche und greifen ineinander. Somit ist die Zuordnung nicht starr, sondern eher fließend zu verstehen. Je nach Zielsetzung und Schwerpunkt der Erzieher*innen können einzelne Aktivitäten auch einem anderen Bildungsbereich maßgeblich zugeordnet werden. So kann zum Beispiel eine Mathematikaufgabe auch der Wahrnehmungsförderung dienen oder ein Bewegungsspiel kann sowohl dem Bereich „Körpererfahrung und Bewegung“ als auch dem Bereich „Sozialerfahrungen“ entsprechen. Oder beim gemeinsamen Lesen einer Geschichte vermitteln Sie dem Kind das Gefühl der Geborgenheit (emotionale Erziehung). Es lernt, inhaltliche Zusammenhänge zu erfassen (Denkförderung) und sprachlich auszudrücken, was es auf den Bildern sieht (sprachliche Bildung, Wahrnehmung). Das Kind beschäftigt sich über einen längeren Zeitraum mit einer Sache (Lern- und Leistungsverhalten), erfindet ggf. noch eine Fortsetzungsgeschichte (Kreativität, sprachliche Bildung) oder stellt den Inhalt im Rollenspiel dar (Sozialerfahrung, Kreativität).

Zu jeder Aktivität im Heft erhalten Sie eine ausführliche Arbeits- bzw. Spielanleitung, eine Materialliste und ggf. Kopiervorlagen zur Erstellung von Arbeitsmaterial. Außerdem finden Sie Angaben zur Altersstufe und Gruppengröße für die jeweiligen Angebote sowie Hinweise, ob ein Angebot für begabte Kinder oder zum Einsatz in einer Lernwerkstatt geeignet ist.

Des Weiteren erhalten Sie Sachinformationen, weiterführende Literaturempfehlungen, eine Vorlage für einen Elternbrief, Hinweise zu Eltern-Kind-Aktivitäten, Material für eine mehrfach praktisch erprobte Schatzsuche für angehende Schulkinder u. v. m.

Nun wünsche ich Ihnen und den Ihnen anvertrauten Kindern eine spannende und erlebnisreiche Zeit, wenn Sie „auf den Spuren von Silberpfeil und Weißer Wolke“ schleichen.

Birgitt Lokan

Hinweis: Liebe Fachkraft, wir möchten in unseren Materialien niemanden benachteiligen oder diskriminieren. Daher nutzen wir unter anderem das Gendersternchen, um alle Geschlechter anzusprechen. Auf Arbeitsblättern für Kinder verzichten wir jedoch aus Gründen der besseren Lesbarkeit darauf und nutzen weiterhin entweder die „neutrale“ Form oder Doppelformen. Selbstverständlich sind stets alle Geschlechter gemeint.

Vorbemerkungen und Arbeitshinweise

Zu den verwendeten Symbolen

Bildungsbereiche (jeweils das äußerste Symbol oben rechts auf den Arbeitsblättern):

 Sprachliche Bildung

 Musikalische Bildung

 Ästhetische Erziehung

 Umwelt-, Sach- und Naturbegegnung

 Gesundheit und Ernährung

 Mathematische Bildung

 Feste und Feiern

 Wahrnehmung und Entspannung

 Körpererfahrung und Bewegung

 Sozialerfahrungen

Sonstige Symbole:

 geeignet für die Begabtenförderung

 für unter 3-Jährige geeignet

Layout:

- Die Seiten mit dem **Lagerfeuer** im Layout unten rechts sind hauptsächlich für die Erzieher*innen gedacht.

- Die Seiten mit dem **Büffel** unten rechts sind Arbeitsblätter, die direkt mit den Kindern bearbeitet werden können.

Organisatorisches

Bücherkiste und Thementisch:

Bitten Sie etwa 2 – 3 Wochen vor Beginn Ihres Projektes Ihre örtliche Bücherei, eine Bücherkiste zum Thema „indigene Völker Amerikas" vorzubereiten. Viele Bibliotheken stellen Ihnen dann eine große Auswahl themenspezifischer Sachbücher, Bilderbücher und Fachliteratur zur Verfügung.
Zudem bietet es sich an, mit den Kindern einen Thementisch in der Gruppe oder im Flur der Kita aufzubauen und diesen zunächst mit einem farblich passenden Tuch (grün, braun oder gelb) zu dekorieren. Besprechen Sie dann mit den Kindern, wo die indigenen Völker Amerikas lebten und was zu ihrer natürlichen Umgebung gehörte. Danach begeben Sie sich mit der Gruppe auf den „Natur-Schleichpfad" (Wald, Felder, Wiesen), auf dem Sie mit den Kindern Naturmaterialien entdecken und sammeln, die schon zum Lebensumfeld der indigenen Völker Amerikas gehörten, wie zum Beispiel Federn, Gräser, Blätter, kleine Steinchen, Stöcke, Blüten oder Blütenblätter, Pflanzen etc. Anschließend darf jedes Kind ein paar der gesammelten Dinge auf den Thementisch legen und erzählen, warum es diese ausgewählt hat bzw. warum diese Sachen in der Welt der indigenen Völker Amerikas eine Rolle spielten. Im Laufe der Projektzeit haben die Kinder immer die Möglichkeit, ihren Thementisch mit Naturmaterialien oder eigenen Bastelarbeiten zu ergänzen, sodass ein anschauliches Bild vom Leben der indigenen Völker Amerikas entsteht.

Ideen für Geburtstagsgeschenke:

Eine schöne, leicht herzustellende Geschenkidee sind gefilzte Bälle (Bastelanleitung s. S. 18). Zum Projektthema „indigene Völker Amerikas" können Sie zudem einen Traumfänger für die Kinder basteln und als Geburtstagsgeschenk überreichen. Setzen Sie die Geschichte „Schneller Vogel und der Traumfänger" (S. 14 – 15) dann bei der Geburtstagsfeier im Stuhlkreis ein. Sehr schön ist es übrigens auch, einen Traumfänger in einem Gymnastikreifen zu weben und diesen während der „Projektzeit" im Kindergarten aufzu-

Vorbemerkungen und Arbeitshinweise

hängen. Hier im Heft gibt es eine vereinfachte Bastelanleitung für den Traumfänger, die gut für Kindergartenkinder geeignet ist. Eine „Erwachsenenversion" finden Sie zum Beispiel unter *www.helles-koepfchen.de/artikel/674.html.* Sie können auch im Internet die Stichworte „Traumfänger basteln" oder Ähnliches eingeben.

Wissenswertes zum Thema „indigene Völker Amerikas"

Wie entstand der Begriff „Indianer"?
Der Ursprung des Begriffs „Indianer" ist nicht eindeutig geklärt. Eine weit verbreitete Meinung ist, dass Christoph Kolumbus glaubte, in Indien (= damals die Bezeichnung für ganz Ostasien; das heutige Indien wurde damals „Hindustan" genannt) gelandet zu sein und daher die Ureinwohner „Indianer" nannte. Wahrscheinlicher ist, dass Kolumbus die Ureinwohner Amerikas als „una gente en dio" bezeichnete, was so viel bedeutete wie „ein Volk in Gott". Aus „en dio" leitete man später das spanische „indio", das englische „Indians" und das deutsche „Indianer" ab. Aus Gründen der Diskriminierung sieht man heute davon ab, diesen Begriff zu verwenden. „Indigene Völker Amerikas" ist passender und wird somit bevorzugt.

Hinweis zu dem Wort „Squaw":
Das *American Indian Movement* hat eine Kampagne gestartet mit dem Ziel, den Begriff „Squaw" aus dem Sprachgebrauch sowie aus Ortsnamen zu entfernen, weil es ein abwertendes Wort aus der Mohawk-Sprache für weibliche Genitalien sowie eine Bezeichnung für eine Hure ist. Nach mehreren Prozessen verschiedener Native Americans hierzu, die alle gewonnen wurden, wurde der Name „Squaw" aus Ortsnamen entfernt und es ist rechtlich und moralisch verboten, eine indianische Frau als „Squaw" zu bezeichnen. Deshalb verzichten wir ausdrücklich auf diesen, leider immer noch gebräuchlichen, Begriff und bitten auch Sie, diesen nicht zu verwenden (s. auch: *www.wikipedia.de).*

Wie kam ein Mitglied eines indigenen Volkes Amerikas zu seinem Namen?
Wenn ein Kind indigener Eltern geboren wurde, bekam es von seiner Mutter einen Namen. Dieser Name beschrieb zum Beispiel ein besonderes Ereignis zum Zeitpunkt seiner Geburt, eine Eigenschaft oder Ähnliches. Später, wenn die Kinder erwachsen waren, erhielten sie einen neuen Namen. Sie durften ihn manchmal selbst wählen oder die Eltern, Verwandte oder der Medizinmann suchten einen passenden Namen aus. Dabei wurde immer eine individuelle Besonderheit (Aussehen, Eigenschaften, Taten, Kampferfolge) beschrieben. Hier eine kleine Auswahl, wie sich Ihre Kinder nennen könnten. Vielleicht ist ja ein passender Name dabei:

- Starker Bär
- Kleine Maisblüte
- Schneller Fuß
- Ruft-den-Regen
- Starkes Herz
- Scharfes Auge
- Heller Stern
- Kleiner Mond
- Hartes Beil
- Zarter Tau
- Flinke Zunge
- Wissendes Ohr
- Hört-wie-der-Luchs
- Donnernder Huf
- Großer Felsen
- Aufgehende Sonne
- Greller Blitz
- Flüsternder Bach
- Wissendes Auge
- Starke Hand
- Falkenauge
- Schneller Vogel
- Kleiner Hase
- Rote Blume

Tipps, Anregungen und Sachinformationen zu den einzelnen Angeboten

Allgemeiner Hinweis:
Viele Kopiervorlagen – wie zum Beispiel Bildkarten, Memospiel- und Dominokarten etc. – müssen Sie vor dem Einsatz in der Kindergartengruppe auf Karton kopieren, anmalen (ggf. zusammen mit den Kindern) und evtl. laminieren und ausschneiden. Da Ihnen diese Vorgehensweise natürlich aus Ihrer täglichen Arbeit im Kindergarten wohlbekannt ist, haben wir (auch aus Platzgründen) darauf verzichtet, diese Bastelschritte in jeder Spielanleitung wieder aufzugreifen.

Vorbemerkungen und Arbeitshinweise

Zum Umgang mit Arbeitsblättern:
Diese Projektmappe enthält auch einige Arbeitsblätter, deren Aufgabenstellung Sie mit den Kindern in Kleingruppen besprechen (vorlesen) müssen.
Für die Aufbewahrung der Arbeitsblätter empfehle ich, je nach Gruppensituation und organisatorischen Bedingungen, verschiedene Möglichkeiten:

- Ablagefächer (alternativ unifarben gestaltete Deckel von Kopierpapierkartons). Die Kinder haben so freien Zugriff auf die darin sortierten Arbeitsblätter und können ihre Aufgaben selbst auswählen.
- Jedes Kind verfügt über einen Schnellhefter, in den die Erzieher*innen regelmäßig nach Alter und Entwicklungsstand ausgewählte Arbeitsblätter (z. B. zwei Arbeitsblätter pro Woche) einheftet oder gemeinsam mit dem Kind aussucht. Die Kinder wählen die Zeit zur Bearbeitung entweder frei oder es gibt festgelegte Zeiten, innerhalb derer das Kind seine Arbeitsblätter bearbeiten kann.
- Die fertiggestellten Arbeitsblätter werden im Schnellhefter oder in einer Sammelmappe / einem Sammelordner abgeheftet bzw. gehören als Anlage zur Bildungsdokumentation oder zum Portfolio.

Zu „Sprach-Schatzkästchen", S. 12 – 13:
Die Kopiervorlage für das Bekleben der Streichholzschachteln ist auf eine Streichholzschachtel mit den Maßen 5,2 x 3,5 x 1,5 cm ausgerichtet. Wenn Sie noch Kästchen mit weiteren Wörtern erstellen möchten, können Sie mit Korrekturflüssigkeit bzw. durch Abdecken mit einem kleinen weißen Blatt und anschließendem Kopieren Blanko-Vorlagen herstellen, die Sie nach Bedarf beschriften können.

Zu „Schneller Vogel und der Traumfänger", S. 14 – 15:
Die Geschichte eignet sich gut zum Einstieg für den „Guckkasten Lager", Seite 41. Auch für einen Geburtstagskreis ist die Geschichte passend, wenn dem Geburtstagskind zum Beispiel anschließend ein Traumfänger als Geschenk überreicht wird.

Zu „Bau eines Regenmachers", S. 16:
Sachinformation: Ursprünglich stellte das Diaguitas-Volk aus dem Norden Chiles den Regenmacher – auch Regenstab, Regentäuscher oder rainstick genannt – aus abgestorbenen und verholzten Kakteen her und setzte ihn bei Regenzeremonien ein. Die Kakteen waren innen hohl, sodass die Dornen eingedrückt und kleine Steinchen eingefüllt werden konnten. Die Steinchen rieselten dann über die Dornen und erzeugten ein Geräusch wie von prasselndem Regen. Je länger der Regenmacher war und je mehr Dornen eingeschlagen waren und somit den Weg der Steinchen behinderten, umso andauernder „regnete" es.

Allgemeine Information zu den Bastelarbeiten im Bereich „Ästhetische Bildung", ab S. 18:
Fotografieren Sie die Materialzusammenstellung und jeden einzelnen Arbeitsschritt (oder kopieren Sie die Bilder bei den Bastelanleitungen hoch). Kleben Sie die entwickelten Fotos mit der Auflistung der Materialien bzw. mit der dazugehörigen schriftlichen Arbeitsanweisung auf DIN-A5-Karten, nummerieren Sie die Karten in der richtigen Reihenfolge und laminieren Sie diese. So erhalten Sie bebilderte Lernwerkstattkarten, die Ihre Kinder zum selbstständigen Arbeiten motivieren.

Zu „Totempfahl", S. 24:
Sachinformation: Die indigenen Völker Amerikas schnitzten ihre Totempfähle (auch Wappenpfähle genannt) aus Baumstämmen. Es waren also riesige Pfähle, in die sie die Köpfe verschiedener Tiere, ihrer Wappentiere oder Fantasiewesen schnitzten, sie farbenfroh bemalten und vor ihren Häusern aufstellten. Diese Totempfähle waren die Wappentiere einer Familie. Sie schützten vor bösen Geistern, ehrten die Ahnen und erzählten ihre Geschichte. Diesen Brauch gab es nur bei den indigenen Völkern Amerikas an der nordamerikanischen Nordwestküste.

Zu „Die Farben der Natur", S. 28:
Dieses Farb-Zuordnungsspiel können die Kinder später im freien Spiel oder in der Lernwerkstatt nutzen. Die Naturmaterialien werden in einer Holzkiste oder in einem Weidenkorb übersichtlich mit den farbigen Tonpapieren in einem Regal einsortiert.

Vorbemerkungen und Arbeitshinweise

Zu „Blackfoot-Kimspiel“, S. 29:
Sachinformation: Die indigenen Völker Amerikas mussten sich auf ihren Pfaden an den Zeichen der Natur orientieren: nachts am Sternenhimmel, tagsüber an den Fährten der Tiere, an Zeichen am Wegesrand, an Flüssen, Bäumen, Sträuchern oder am Stand der Sonne. Daher lernten schon die kleinen Kinder diese Zeichen der Natur kennen und deuten. Sie trainierten ihr Gedächtnis im Spiel mit anderen Kindern. Auch heute spielen die Kinder gerne Kimspiele und schulen so ihr Erinnerungsvermögen.

Zu „Natur-Mandala“, S. 29:
Sachinformation: Das Wort „Mandala“ stammt aus der indischen Sprache Sanskrit und heißt übersetzt so viel wie „Kreis“. Es bezeichnet einen symbolischen Kreis oder ein Vieleck mit einem Zentrum. Ursprünglich wurden Mandalas im religiösen Kontext (Buddhismus, Hinduismus) verwendet und sollten symbolisch durch Farben, Formen und Ornamente bestimmte psychische Bereiche unterbewusst ansprechen und stimulieren. Die verschiedenen Farben, Formen, Ornamente und Motive von Mandalas führen immer zur Mitte hin oder von der Mitte weg. Mandalas haben ihren Ursprung in vielen Kulturen und finden sich auch in der Malerei der indigenen Völker Amerikas wieder. Überhaupt war der Kreis für sie heilig. Er war das Symbol des Lebens: die Erde ist rund, die Sonne und der Mond, die Stämme der Bäume und die Blüten der Blumen, ein Vogelnest oder ein Spinnennetz, und auch das Jahr schließt sich mit den Tagen und Nächten, den Monaten und Jahreszeiten zu einem Kreis. Vieles im Leben der Indianer spiegelt die Form des Kreises wider: Tipi und Wigwam hatten eine runde Form, Tänze und Versammlungen fanden im Kreis statt, ein Indianerlager war kreisförmig aufgebaut, der berühmte Traumfänger war kreisförmig …

Zu den Rezepten im Bereich „Gesundheit und Ernährung“, ab S. 30:
Zu den Rezepten finden Sie auf der Seite 33 Bilder mit allen bei den Rezepten verwendeten Zutaten und Haushaltsgeräten sowie Pfeilen, mit Hilfe derer Sie die Rezepte bei Bedarf als großes Plakat gestalten können. Vergrößern Sie dazu die benötigten Bilder auf dem Kopierer. Mit den vorhandenen Bildern können Sie auch Bildrezepte auf einem DIN-A4-Blatt erstellen, für jedes Kind kopieren und in einem Schnellhefter sammeln. So erhalten die Kinder eine eigene Bild-Rezepte-Mappe. Die Mengenangaben der Rezepte reichen für Gruppen von 20 – 25 Kindern.
Achtung: Bitte achten Sie bei allen Rezepten auf eventuelle Lebensmittelunverträglichkeiten der Kinder.

Zu „Tiere und ihre Größen“, S. 39:
Je nach Entwicklungsalter können die Kinder mit diesem Arbeitsblatt verschiedene Aufgabenstellungen (s. Arbeitsblatt) lösen.

Literaturhinweise

Spiele, Lieder, Sachinformationen etc.

- **P. Budde, J. Kronfli:** Fliegende Feder: Indianische Kultur in Spielen, Liedern, Tänzen und Geschichten, Ökotopia Verlag, Münster, 2012

- **B. Cratzius:** Indianer-Frühling, Herder Verlag, Freiburg, 2000

- **J. Sommer:** Oxmox ox Mollox: Kinder spielen Indianer, Ökotopia Verlag, Münster, 2012

Geschichten zum Thema

- **N. Duroussy, W. Wolf:** Indianerjunge Kleiner Mond, Nord-Süd-Verlag, Hamburg, 2008 (Bilderbuch)

- **G. Elschner, M. Schliephack:** Kleine Indianerin Tanzendes Blatt, Michael Neugebauer Verlag, Gossau, Zürich und Hamburg, 2001 (Bilderbuch)

- **C. Ondracek:** Indianergeschichten, Ravensburger Buchverlag, Ravensburg, 2008

- **K. Recheis:** Kleiner Bruder Watomi, dtvjunior, München, 1995 (Geschichte zum Vorlesen)

- **I. Siegner:** Der kleine Drache Kokusnuss bei den Indianern (Bd. 17), cbj, München, 2011

- **U. Wölfel:** Fliegender Stern, Carlson, Hamburg, 2007 (Erzählung über das Leben eines Indianerjungen)

Sachbücher für Kinder

- **Ch. Holtei, G. Jakobs:** Zu Besuch bei den Indianern, Patmos Verlag GmbH & Co. KG Sauerländer, Düsseldorf, 2007 (Sachbilderbuch)

- **Ch. Holtei:** Ein Tag bei den Indianern (LESEMAUS Bd. 10), Carlsen Verlag, Hamburg, 2011

- **E. Dix, S. Seidel:** Indianer: Legende und Wirklichkeit (WAS IST WAS Junior, Bd. 20), Tessloff Verlag, Hamburg, 2017

- **A. Weinhold:** Bei den Indianern (Wieso, Weshalb, Warum?), Ravensburger Buchverlag, Ravensburg, 2002

Pädagogisches Material

- **H. Herkenrath, C. Hochmann, S. Thoenes:** Sprachförderung mit Bildkarten: „Indianer“, BVK Buch Verlag Kempen GmbH, Kempen, 2013

- **Bausteine Kindergarten:** Kürbisblüte und Kleiner Wolf – in den Fußstapfen der Indianer, Heft 2/2004, Bergmoser + Höller Verlag AG, Aachen

Internetquelle

- *www.welt-der-indianer.de*

Kopiervorlage „Elternbrief“

**Es wird der Tag kommen,
an dem die Kinder des Weißen Mannes
sich wie „Indianer“ kleiden und
Perlenschnüre und Stirnbänder
tragen werden.
Aus dieser Generation werden unsere
ersten wahren, nicht indianischen
Freunde hervorgehen.**
(alte Prophezeiung der indigenen Völker Amerikas)

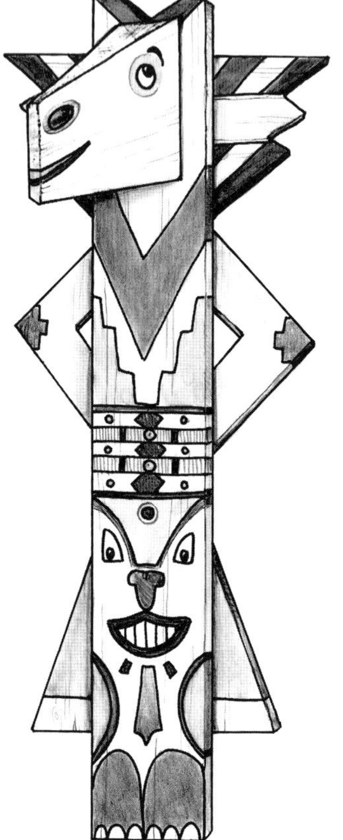

Liebe Eltern!

In den nächsten Wochen werden wir uns gruppenübergreifend

auf den Pfaden der indigenen Völker Amerikas

bewegen. Dabei reisen wir mit den Kindern nach Nordamerika, um die Kultur, die Bräuche, die Lebensweisen und die Rituale der indigenen Völker Amerikas zu erkunden.

In Gesprächskreisen, mit Geschichten und Liedern, über Bewegungsspiele, kreatives Gestalten von Indianerschmuck und -kleidung, Spurensuchen, Naturerlebnissen und das Zubereiten von Speisen erfahren die Kinder auf dieser Entdeckungsreise ganzheitlich viel über das – nicht immer nur romantische – Leben der indigenen Völker Amerikas.

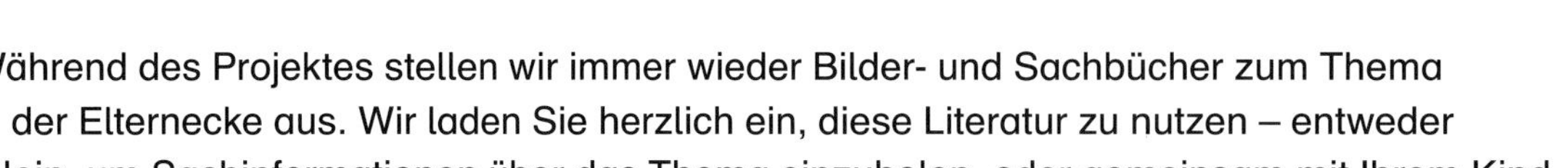

Während des Projektes stellen wir immer wieder Bilder- und Sachbücher zum Thema in der Elternecke aus. Wir laden Sie herzlich ein, diese Literatur zu nutzen – entweder allein, um Sachinformationen über das Thema einzuholen, oder gemeinsam mit Ihrem Kind.

Ihnen und Ihren Kindern wünschen wir eine spannende und erlebnisreiche Projektzeit!

H U G H ! Wir haben gesprochen!
Ihr Kita-Team

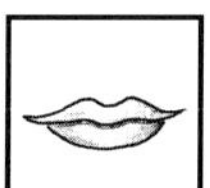

Silhouetten-Domino (für 2–3 Kinder, ab 4 Jahren)

Material:
Dominokarten (Vorlage s. S. 10), evtl. ein Stück Stoff und eine (Schreibtisch-)Lampe o. Ä.

Spielregeln:
Legen Sie die Dominokarten verdeckt auf den Tisch und mischen Sie sie gut durch. Dann werden die Dominokarten gleichmäßig an alle Mitspieler verteilt. Der erste Spieler legt einen Dominostein in die Tischmitte und benennt die beiden Abbildungen. Der nächste versucht nun, das passende Schattenbild oder das entsprechende „richtige“ Bild anzulegen (die Kinder dürfen auf beiden Seiten anlegen) und benennt ebenfalls die Bilder. Hat er keine brauchbare Karte, ist der nächste Spieler an der Reihe.

Variante:
Für jüngere Kinder oder zur Einführung der Spielregeln spielt man mit den Karten ein offenes Zuordnungsspiel. Alle Karten liegen aufgedeckt um den Rand des Tisches herum oder auf einem kleinen Spielteppich. Eine Karte wird in die Mitte gelegt. Nun darf jedes Kind reihum eine passende Karte suchen und anlegen. Einen Gewinner gibt es bei dieser Spielart nicht. Ziel des Spiels ist es, alle Dominokarten anzulegen.

Tipp:
Hängen Sie zur Einführung von Schatten ein Stück weißen Stoff auf, stellen Sie eine Lampe dahinter und halten Sie verschiedene Gegenstände zwischen Lampe und Stoff. Die Kinder sehen die Schatten der Gegenstände und erfahren, was Schatten sind und wie sie entstehen.

Memo-Spiel (für 2–4 Kinder, ab 4 Jahren)

Material:
Memo-Spielkarten (Vorlage s. S. 11)

Hinweis:
Das Spiel besteht aus 10 Kartenpaaren. Zu jedem Bild passt ein Schriftzeichen der indigenen Völker Amerikas. Kinder, die sich schon für die Schriftsprache interessieren, finden auf jeder Karte in Druckschrift das entsprechende Wort. Dieses ist gleichzeitig auch Selbstkontrolle für die Kinder.

Spielregeln:
Die Karten mit den Bildern liegen offen auf dem Tisch. Besprechen Sie mit den Kindern diese Bilder (z. B. benennen, eine Bezeichnung heraussuchen, lesen des Wortes etc.). Danach erzählen Sie den Kindern, dass die Völker eine eigene Bilderschrift hatten und legen die Karten mit den Schriftzeichen auf den Tisch. Nun versuchen die Kinder, diese Bilderschrift zu „entschlüsseln“ und ordnen die Paare einander zu. Nach der Einführung können die Kinder mit den Kartenpaaren ein Memo-Spiel spielen.

BVK • Birgitt Lokan: Kita aktiv „Projektmappe Apachen, Sioux & Co.“

Kopiervorlage zu „Silhouetten-Domino“

Start			
			Ende

(bitte bei Bedarf hochkopieren)

Kopiervorlage zu „Memo-Spiel“

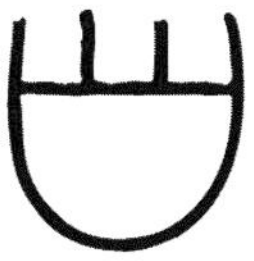 BÄR	 BÄR	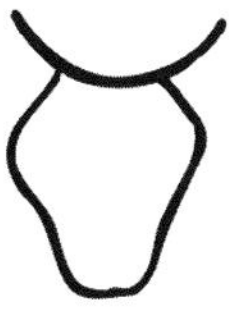 BÜFFEL	 BÜFFEL
 FLUSS	 FLUSS	 TIPI	 TIPI
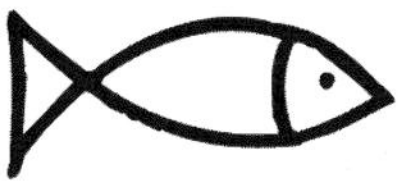 FISCH	 FISCH	 KANU	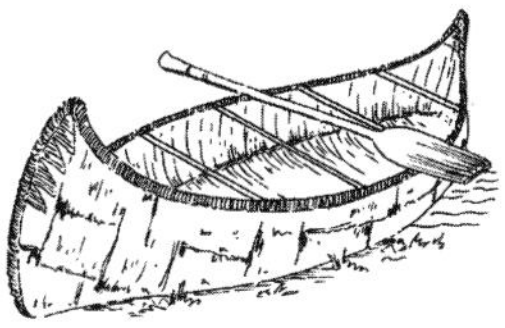 KANU
 FEUER	 FEUER	 SCHLANGE	 SCHLANGE
 WALD	 WALD	 KRÄHE	 KRÄHE

(bitte bei Bedarf hochkopieren)

Sprach-Schatzkästchen (ab 5 Jahren)

Material:
Vorlagen (s. S. 12/13), Papier (80 g und 130 g), mindestens 9 Streichholzschachteln, Laminierfolie und -gerät, Schere

Vorbereitung:
Die Vorlagen werden auf normales Papier (80 g) kopiert, entlang der gepunkteten Linien ausgeschnitten, an den gestrichelten Linien gefaltet und um eine Streichholzschachtel geklebt (auf der Oberseite das Bild, auf der Rückseite das Wort). Die Buchstabenkärtchen werden auf festeres Papier kopiert, laminiert und ebenfalls ausgeschnitten. Dann füllen Sie jede Schachtel mit den dazugehörigen Buchstabenkärtchen und fertig ist ein anspruchsvolles Material mit Selbstkontrolle.

Spielmöglichkeiten:
1. Die Kinder benennen das Bild auf der Schachtel, sprechen deutlich den Anlaut und suchen ihn anschließend heraus.
2. Die Kinder benennen das Bild auf der Schachtel und legen aus den Buchstabenkarten das entsprechende Wort. Anschließend kontrollieren Sie evtl. selbst die richtige Schreibweise.
3. Die Kinder betrachten das Bild auf der Schachtel, benennen es, hören die einzelnen Laute des Wortes heraus und legen die Buchstaben in die richtige Reihenfolge.
4. Die Kinder betrachten das Wort, benennen die einzelnen Buchstaben (bitte unbedingt beachten, dass nur der Laut gesprochen wird!) und legen mit den Buchstaben das passende Wort nach.
5. Die Kinder schreiben die Worte von der Schachtel ab (liniertes Papier, Bleistifte mit weicher Mine oder Wachsmalstifte bereitlegen).

Buchstaben für die Sprach-Schatzkästchen:

T	I	P	I	
M	O	N	D	
G	R	A	S	
K	A	N	U	
S	O	N	N	E
W	O	L	K	E
F	E	D	E	R
F	L	U	S	S

Weitere mögliche Wörter sind zum Beispiel:
Stern, Pferd, Pfeil, Bogen, Vogel, Fisch, Bär, Trommel

Kopiervorlage zu „Sprach-Schatzkästchen“ (1):

TIPI

Kopiervorlage zu „Sprach-Schatzkästchen“ (2)

KANU	MOND	GRAS
FEDER	SONNE	WOLKE

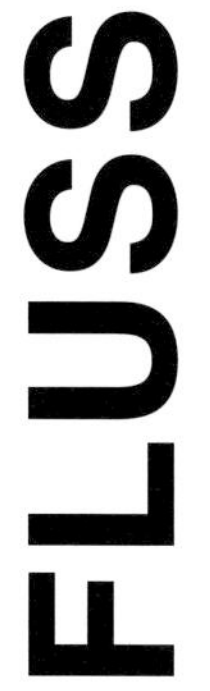

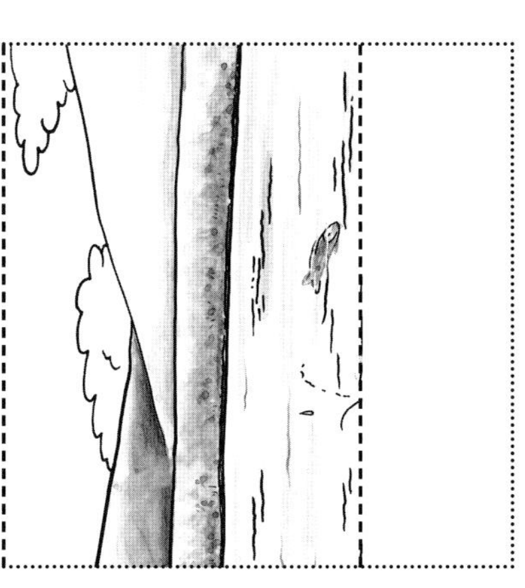

……………… schneiden

- - - - - - - falten

Schneller Vogel und der Traumfänger (1) (ab 3 Jahren)

Es war einmal ein mutiges Mädchen mit dem wunderschönen Namen Schneller Vogel. Schneller Vogel lebte zusammen mit ihren Eltern im Dorf des Cheyenne-Stamms. Sie spielte in ihrem Dorf jeden Tag mit vielen anderen Kindern und hatte immer die tollsten Ideen. Schneller Vogel war das mutigste Mädchen im ganzen Dorf. Sie konnte am wagemutigsten reiten und war eine sehr schnelle Läuferin. Niemals hatte sie Langeweile, denn sie hatte ja viele Freunde und Freundinnen.

Wenn sie abends bei hellem Mondschein in ihrem Tipi lag, konnte sie lange nicht einschlafen. Dann schmiedete sie Pläne für den nächsten Tag. „Morgen werde ich schon mit der aufgehenden Sonne das Lager verlassen und gemeinsam mit Brauner Bär und Zarte Wolke einen Ritt in die weite Steppe machen", dachte sie, bevor sie tief und fest einschlummerte.

Wenn sich jedoch am Abend dunkle Wolken vor den Mond schoben, sodass sie ihre Hand nicht mehr vor den Augen sehen konnte, wurde Schneller Vogel immer angst und bange. Sie träumte dann von einem großen, schwarzen Bären, der mit seiner riesigen Pranke nach ihr greifen wollte. Oder von schrecklichen Kriegern mit weißen, gespenstig aussehenden Masken, die sie von ihrer Familie und ihren Freunden wegbringen wollten, weit weg in eine ungewisse Fremde. Davon wachte sie immer weinend und voller Angst auf. Ihren Eltern mochte Schneller Vogel nicht erzählen, wovor sie Angst hatte, und ihrer besten Freundin Zarte Wolke konnte sie sich auch nicht anvertrauen. Schneller Vogel wollte ja weiterhin als das mutigste Mädchen im ganzen Dorf gelten.

Doch eines Abends, als die Familie am Lagerfeuer versammelt war, erzählte die Großmutter von Schneller Vogel die Geschichte von einem großen, schwarzen Bären, der immer nachts, wenn der Mond sich hinter großen, dunklen Wolken versteckte, in ein Cheyenne-Dorf tappte. Dort langte er mit seiner großen, schwarzen Pranke in ein Tipi, in der Hoffnung, eines der Kinder zu erhaschen, um es in seine große, einsame Höhle tief im Wald zu schleppen.

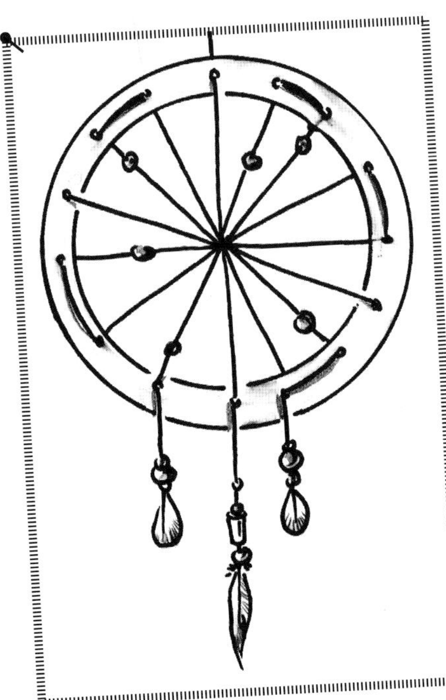

Da erinnerte sich Schneller Vogel an ihre schlimmen Träume. Das kleine, mutige Mädchen fasste sich ein Herz und erzählte ihrer Großmutter davon. Die Großmutter, eine weise, alte Frau, hörte lange zu, nickte immer wieder bedächtig mit ihrem Kopf und sprach dann zu Schneller Vogel: „Mein liebes, kleines, mutiges Mädchen. Wir werden einen Weg finden, deine schlimmen Träume einzufangen." Sie schlurfte in ihr Tipi und kam mit einem seltsamen, runden Gebilde zurück, das von einem Netz durchwoben war. „Was ist das, Großmutter?", wollte Schneller Vogel wissen. „Das, mein liebes Kind, ist ein Traumfänger. Er wird dir helfen, deine bösen Träume einzufangen. Sie bleiben im Netz hängen und dringen nicht bis zu dir. Deine schönen, guten Träume aber schlüpfen durch die Lücken des Netzes hindurch und gelangen so in deine Gedanken. Sobald die Sonne aufgeht, verfallen die gefangenen, schlimmen Träume zu Staub und werden vom Morgenwind weit, weit davongetragen."

Schneller Vogel und der Traumfänger (2) (ab 3 Jahren)

Als das Feuer niedergebrannt war und nur noch die Glut der Holzscheite in der dunklen Nacht leuchtete, war es Zeit schlafen zu gehen. Schneller Vogel hängte ihren Traumfänger über ihr Nachtlager im Tipi und kuschelte sich in ihre weiche, warme Decke. „Großmutter ist wirklich schon sehr lange auf dieser Erde und eine besonders kluge Frau“, dachte Schneller Vogel und schlief darüber ein. In dieser Nacht träumte sie einen wundervollen Traum von einem schönen Sonnentag. Sie tobte und planschte mit ihren Freunden unten im Fluss. Das Wasser war warm und goldene Wassertropfen spritzten auf, wenn sie im Fluss hüpften oder kopfüber hineinsprangen. Sie schwammen und tauchten um die Wette. Schneller Vogel konnte am schnellsten schwimmen und tauchte bis auf den Grund, wo ein glitzernder Fischschwarm sie bewundernd betrachtete.

Am nächsten Morgen erwachte Schneller Vogel fröhlich und ausgeschlafen. Sie stürmte gleich zu ihrer Großmutter, umarmte sie fest und lief dann zu ihren Freunden, um mit ihnen zum Fluss zu reiten.
Schneller Vogel hatte nun keine Angst mehr, in dunklen Nächten einzuschlafen. Der Traumfänger, so war sie sich sicher, würde immer nur die schönen Träume zu ihr lassen, den schlimmen Träumen aber den Weg versperren und sie einfangen.

Fingerspiel „Büffeljagd“ (ab 2 Jahren)

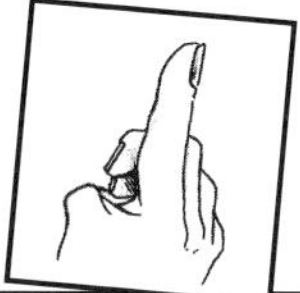

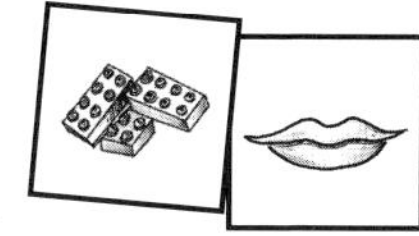

Fünf Apachen, die in ihren Betten liegen,	*die Hände aneinanderlegen und das Kinn daraufbetten*
wollen einen wilden Büffel besiegen. Der erste Apachen traut sich nicht,	*den kleinen Finger ausstrecken*
der zweite zittert fürchterlich.	*mit dem Ringfinger wackeln*
Der dritte, der will auch nicht gehen,	*den Mittelfinger ausstrecken*
der vierte schafft das nie im Leben.	*den Zeigefinger ausstrecken*
Der fünfte aber spricht: „So geht das nicht!“	*mit dem Daumen wackeln und den Kopf dabei schütteln*
So reiten kurz darauf	*beide Arme anwinkeln, als hätte man Zügel in der Hand*
fünf Apachen den Berg hinauf.	*und auf dem Platz reiten*
Doch oben am Berge, welch ein Schreck,	*mit der rechten Hand über den Augen Ausschau halten*
da ist der Büffel plötzlich weg.	*Handinnenflächen öffnen und Schultern hochziehen*

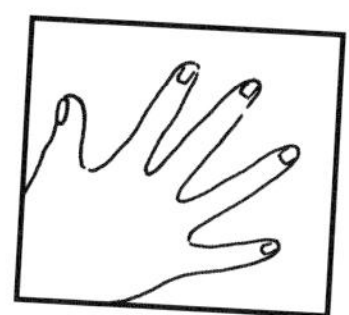

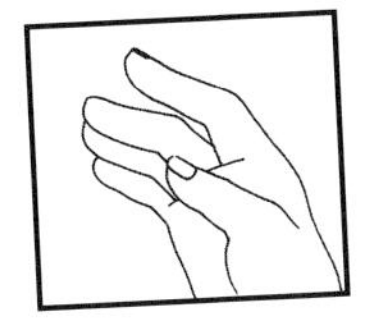

Bau eines Regenmachers (ab 4 Jahren)

Hinweis:
Kinder ab 5 Jahren können den Regenmacher in mehreren Arbeitsschritten schon selbstständig bauen. Für jüngere Kinder müssen Sie beim Einschlagen der Nägel und Verschließen der Röhre sehr viel Hilfestellung geben oder diesen Arbeitsschritt für die Kinder vorbereiten. Die Verzierungen können die Kinder je nach Fähigkeiten wieder sehr selbstständig gestalten.

Material:
1 stabile Pappröhre pro Kind (z. B. Chipsröhre, Versandrolle, Teppichrolle auf Länge gesägt), Hammer, Nägel oder Dachpappenstifte (etwas kürzer als der Durchmesser der Rolle), Fotokarton, Scheren, Kreisschablone, Bleistifte, Kreppband, Material zum Verzieren (z. B. bunte Papierschnipsel oder bunte Klebefolie; Tipp: Reste von Plotter-Folien, gibt es in Beschriftungsfirmen oft kostenlos), weißes Papier, Fingerfarben, Kleister, Klebstoff, Material zum Füllen (Reis, Bohnen, Maiskörner, kleine Kieselsteine etc.), Paketschnur

Arbeitsanleitung:

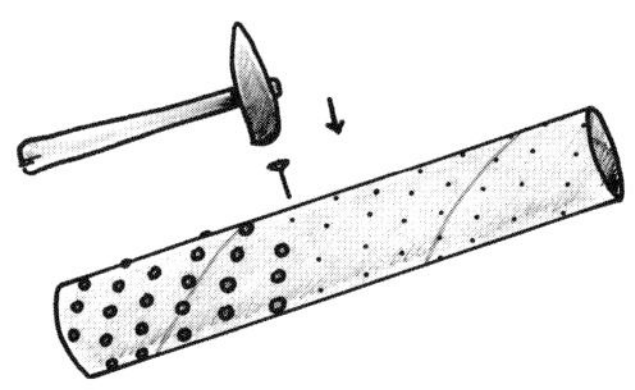

1. Zunächst werden die Nägel in einem Abstand von 2 – 3 cm spiralförmig von oben bis unten in die Rolle geschlagen. Je enger die Nägel platziert sind, desto langsamer fällt später das Füllmaterial hindurch.

2. Dann werden zwei Kreise aus Fotokarton ausgeschnitten, deren Durchmesser etwa 4 cm größer sind als der Rollendurchmesser. Mit Hilfe der Rolle wird ein Innenkreis markiert und Laschen in gleichmäßigen Abständen vom Außenkreis bis zum Rand des Innenkreises eingeschnitten, die dann nach unten gefaltet werden.

3. Mit einem der Kreise wird nun eine Öffnung der Pappröhre verschlossen. Dafür müssen die Laschen mit Klebstoff fixiert und zur besseren Stabilität einmal mit Kreppband umwickelt werden.

4. In das andere Ende werden nun Reis, kleine Steinchen, Bohnen oder Maiskörner gefüllt. Dieses Ende wird dann mit dem zweiten Pappkreis verschlossen.

5. Zum Schluss wird der Regenmacher verziert, zum Beispiel indem
   - als letzte Schicht wird so lange weißes Papier mit Kleister um den Regenmacher geklebt, bis keine Nägel mehr sichtbar sind. Anschließend eine Paketschnur darumbinden. Nach dem Trocknen der Papierschichten wird der Regenmacher mit Fingerfarbe bunt bemalt. Wenn die Farbe getrocknet ist, wird die Paketschnur abgewickelt. So wird ein feines, weißes Muster sichtbar.
   - die Kinder ihren Regenmacher mit bunten Papierschnipseln oder Klebefolienresten farbig bekleben, bis keine Nägeln mehr sichtbar sind.

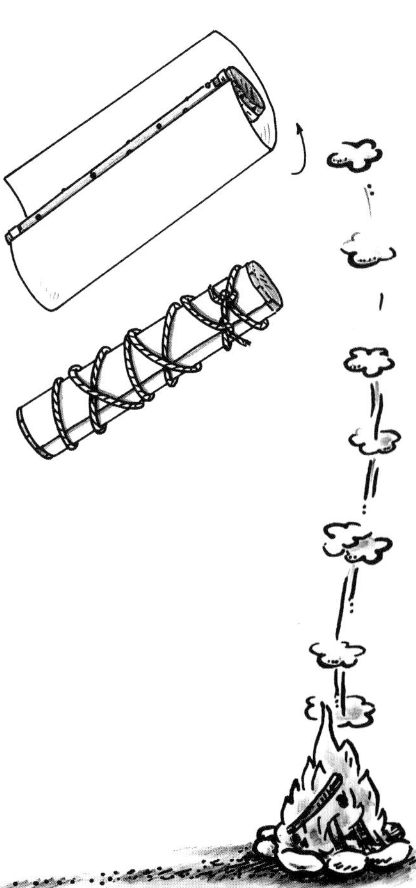

Wenn alles fertig ist, können mit dem Regenmacher durch langsames Hin-und-her-Bewegen Regengeräusche erzeugt und damit effektvoll Geschichten vertont werden.

Bau einer Trommel (ab 5 Jahren)

Material:
große Tonblumentöpfe, Fensterleder (etwa 5 cm größer als der Durchmesser des Blumentopfes), Teppichfliesen, feste Schnüre (z. B. Paketkordel), Handbohrer, für die Schlägel gerade, dünne Äste, Stoffreste, Watte, Korken, Schere, Klebstoff

Arbeitsanleitung:

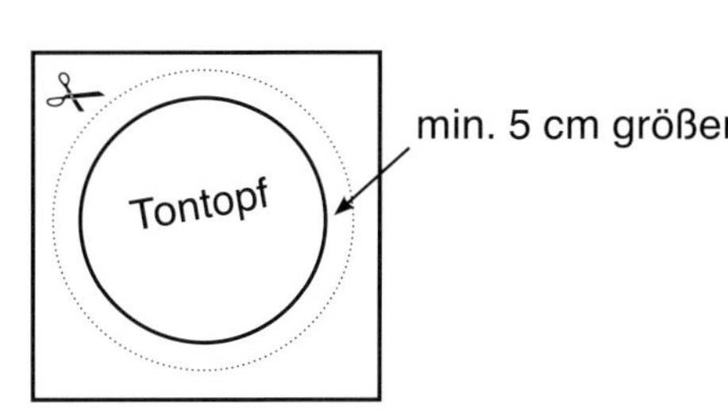

1. Zunächst wird das Fensterleder so rund geschnitten, dass sein Durchmesser mindestens 5 cm größer ist als der Durchmesser des Tontopfes.
2. Dann wird das Leder auf die Teppichfliese gelegt und mit dem Handbohrer werden gleichmäßig acht Löcherpaare (insgesamt also 16 Löcher) etwa 4 cm vom Rand entfernt in das Leder gebohrt. Anschließend wird das zugeschnittene Leder für etwa eine halbe Stunde in kaltes Wasser gelegt, sodass es gut durchfeuchtet. Danach muss es kräftig ausgewrungen werden.

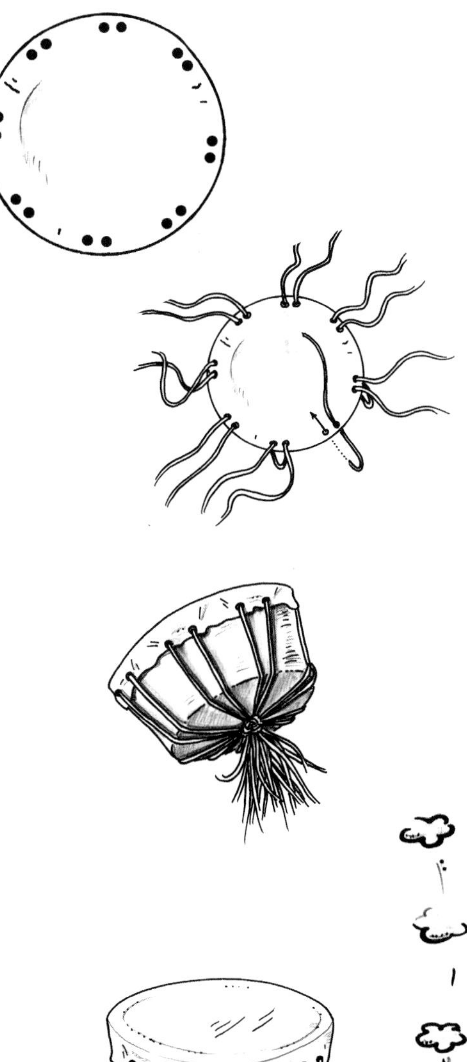

3. Im Anschluss werden acht feste Schnüre durch die Löcherpaare gefädelt.
4. Das Fensterleder wird dann über die Öffnung des Tontopfes gelegt und gleichmäßig und glatt gespannt, indem die Schnüre unter dem Topf straff zusammengezogen und zusammengeknotet werden.
5. Zum Schluss werden die Schnüre seitlich mit einer weiteren Kordel jeweils zu zweit straff zusammengeknotet. Danach die Trommel beiseitestellen und das Leder über Nacht trocknen lassen.

Wenn die Trommel nicht nur mit der Hand geschlagen werden soll, können aus zwei geraden Ästen noch Schlägel gebastelt werden:

Variante 1:
Um ein Ende der Äste wird ein Wattebausch gewickelt, der mit etwas Klebstoff fixiert wird. Darum wird ein Stück Stoff gelegt, das mit einer Kordel festgebunden wird.

Variante 2:
Mit dem Handbohrer ein Loch in einen Weinkorken bohren und das Aststück hineinkleben.

Tipps:
- Der Bau von Instrumenten eignet sich auch gut für Eltern-Kind-Aktivitäten.
- Anstatt der Äste können auch Rundhölzer, Bambusstäbe oder Kochlöffel genommen werden.

Bälle filzen (ab 4 Jahren)

Material:
kleine, runde Luftballons, feiner, trockener Sand, Trichter, Klebefilm, naturfarbene Schafwolle, farbige Schafwolle, 1 kleine Plastikschüssel für die Seifenlauge, Schmier- oder Kernseife, 1 Esslöffel, 1 Plastikschüssel mit 1 Liter klarem heißem Wasser, Unterlagen (dafür bieten sich kleine Gummi-Automatten an, da sich in den Rillen das Tropfwasser gut sammeln kann, oder einfache Plastiktabletts)

Arbeitsanleitung:

1. Als Erstes wird aus dem 1 Liter möglichst heißem Wasser und drei Esslöffeln Schmier- oder Kernseife eine starke Seifenlauge hergestellt.

2. Dann wird der Luftballon mit Hilfe des Trichters mit Sand gefüllt und zugeknotet. Der Knoten wird in den mit Sand gefüllten Luftballon hineingedrückt und mit zwei Streifen Klebefilm fixiert.

3. Nun wird die naturfarbene Wolle in mehrere Flocken gezupft. Die Flocken sollten etwa so groß wie die Handinnenflächen der Kinder sein. Die farbige Wolle wird in viele kleine Flöckchen gezupft.

4. Dann wird eine naturfarbene Flocke in der Seifenlauge angefeuchtet und um den Luftballon gelegt. Die Hand muss immer wieder angefeuchtet und die Wolle um den Ballon gestreichelt werden.
   Wichtig: Es sollte nur mit einem Finger oder ganz vorsichtig mit der flachen Hand gestrichen werden. Die Wolle darf nicht um den Ball gedrückt werden!

5. Wenn die Wolle verfilzt ist, kann die nächste naturfarbene Flocke genommen werden und es geht wie oben beschrieben weiter, bis der Luftballon nicht mehr zu sehen ist. Dann kann mit der gleichen Technik mit der farbigen Wolle weitergemacht werden. Welche und wie viele Farben verwendet werden, bleibt dem Kind überlassen.

6. Der fertige Ball muss in heißem, klaren Wasser ausgewaschen und anschließend zum Trocknen (das kann etwa 1–2 Tage dauern) an einen warmen Ort gelegt werden. Wenn der Ball getrocknet ist, können sich die Kinder zusammen lustige Ballspiele ausdenken.

Abwandlung:
Anstatt des Luftballons kann auch die Plastikdose eines Überraschungseis oder ein Filmdöschen als Ballkern benutzt werden. Wenn dieses mit einem Glöckchen, Steinen oder Bohnen gefüllt wird, erhält man einen schönen Geräuscheball.

Tipp:
Auch geeignet für Eltern-Kind-Aktivitäten. Zudem eignen sich die Filzbälle gut als Geburtstagsgeschenk für die Kinder.

Magisches Auge **(ab 4 Jahren)**

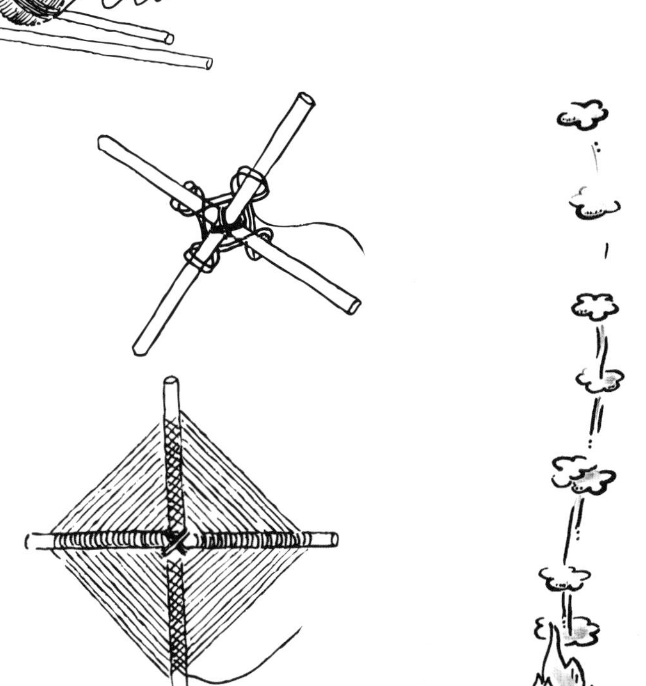

Material:
zwei kleine Aststücke pro Kind, bunte Wollfäden, Scheren

Arbeitsanleitung:
1. Zunächst müssen die zwei Aststücke wie ein Kreuz übereinandergelegt werden.
   Dann werden die Äste nacheinander mit zwei Wollfäden miteinander verknotet.

2. Nun wird immer ein Wollfaden nach dem anderen um die Astgabel gewickelt und zwar abwechselnd von unten und oben um die Äste. Sobald ein Faden zu Ende ist, wird er mit einem neuen Faden verknotet.

3. Wenn die Äste fast vollständig mit Fäden umwickelt sind, ist das Magische Auge fertig.

Variante:
Ältere Kinder können bei Bedarf auch noch Perlen mit einflechten!

Malen wie das Navajo-Volk **(ab 3 Jahren)**

Da die Navajo noch kein Papier und keine Stifte hatten, malten sie ihre Bilder mit Sand auf die Erde.
Hier können die Kinder dies selbst ausprobieren!

Material:
(Vogel-)Sand, Tonpapier, Kleber

Arbeitsanleitung:
1. Zunächst wird mit dem Kleber ein Bild oder Muster auf das Tonpapier gezeichnet.

2. Dann kann der Sand vorsichtig auf die Klebefläche gestreut werden.

3. Anschließend muss alles gut trocknen. Wenn der Kleber getrocknet ist, kann der überschüssige Sand vorsichtig im Freien oder über einem großen Mülleimer abgeklopft werden.

Variante:
Sand mit Pulverfarben mischen und den verschiedenfarbigen Sand in Marmeladengläser füllen.

BVK • Birgitt Lokan: Kita aktiv „Projektmappe Apachen, Sioux & Co.“

Kräuter- oder Medizinbeutel (ab 5 Jahren)

Material:
Filz- oder Lederstücke (ca. 30 x 30 cm), große Teller, kleine Teller, Scheren, Lederschnüre / Bast oder Wolle, spitze Nadel mit großem Öhr, evtl. Lochzange / Locher, schwarze Filzstifte

Arbeitsanleitung:

1. Zunächst wird der große Teller auf das Leder- oder Filzstück gelegt und mit dem schwarzen Filzstift umkreist.
2. Dann den kleinen Teller mittig auf den entstandenen Kreis legen und ebenfalls mit dem Filzstift umkreisen. Nun hat man einen Außen- und einen Innenkreis.
3. Als Nächstes muss der Außenkreis mit der Schere ausgeschnitten werden.

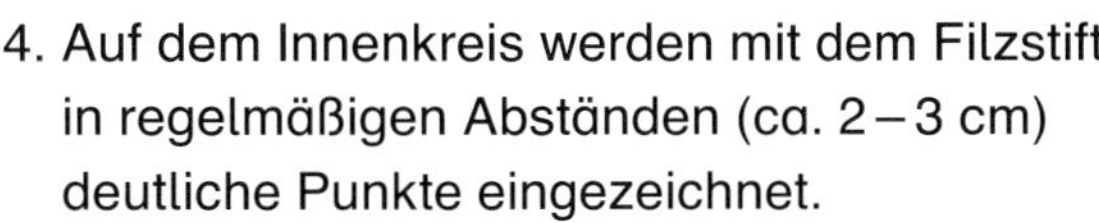

4. Auf dem Innenkreis werden mit dem Filzstift in regelmäßigen Abständen (ca. 2 – 3 cm) deutliche Punkte eingezeichnet.

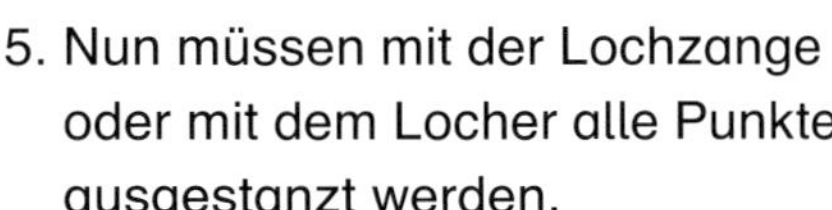

5. Nun müssen mit der Lochzange oder mit dem Locher alle Punkte ausgestanzt werden.

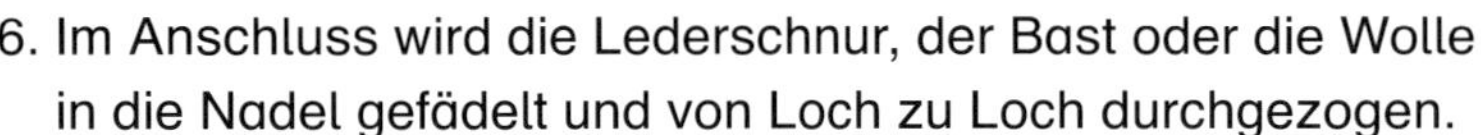

6. Im Anschluss wird die Lederschnur, der Bast oder die Wolle in die Nadel gefädelt und von Loch zu Loch durchgezogen.
7. Zum Schluss werden die beiden Schnurenden verknotet und der Beutel wird an der so entstandenen Schlaufe zugezogen.
8. Nun kann jedes Kind überlegen, mit welchen „magischen“ Gegenständen es seinen Beutel füllen möchte, zum Beispiel mit schönen Steinen, Federn, duftenden Kräutern, Murmeln …

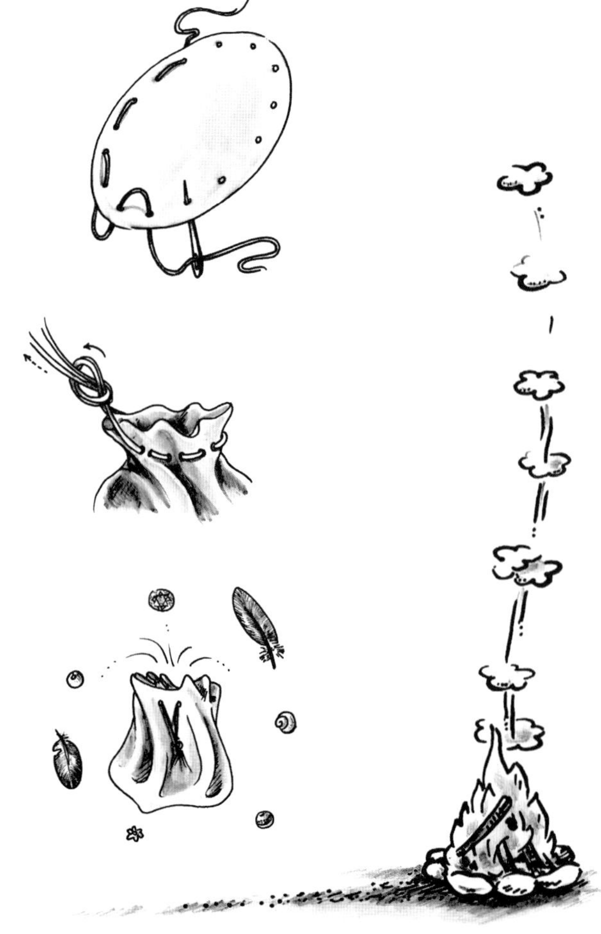

Tipi bauen (ab 5 Jahren)

Material:
Vorlagen (s. S. 22), evtl. Pappe, Fotokarton, drei Schaschlikstäbchen, Fäden, Buntstifte, 1 dicke stumpfe Nadel / Prickelnadel, Zahnstocher, Scheren
(**Achtung:** Bei den Schaschlikstäbchen und den Zahnstochern evtl. die spitzen Enden abschneiden!)

Arbeitsanleitung:

1. Als Erstes müssen die Schablonen erstellt werden. Dafür kopieren Sie die Schablonen auf der nächsten Seite und schneiden sie aus. Wenn die Kinder selbstständig mit den Schablonen arbeiten sollen, müssen die Umrisse der Schablonen nun auf Pappe abgezeichnet und ausgeschnitten werden. Die Markierungen für die Löcher müssen durchgestochen und das x (= Markierung für die Anbringung von Schablone 2) muss aufgezeichnet werden.

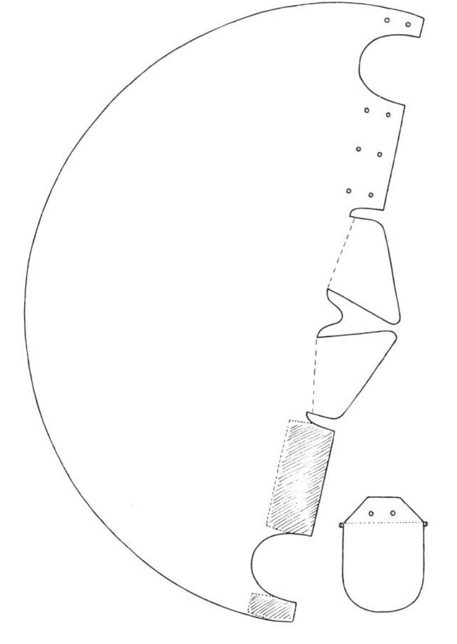

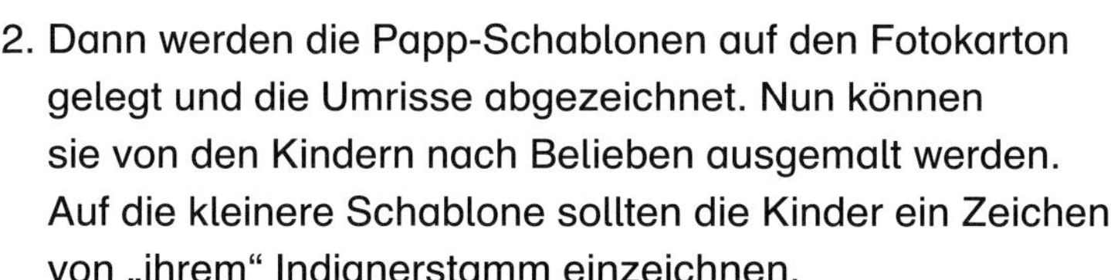

2. Dann werden die Papp-Schablonen auf den Fotokarton gelegt und die Umrisse abgezeichnet. Nun können sie von den Kindern nach Belieben ausgemalt werden. Auf die kleinere Schablone sollten die Kinder ein Zeichen von „ihrem“ Indianerstamm einzeichnen.

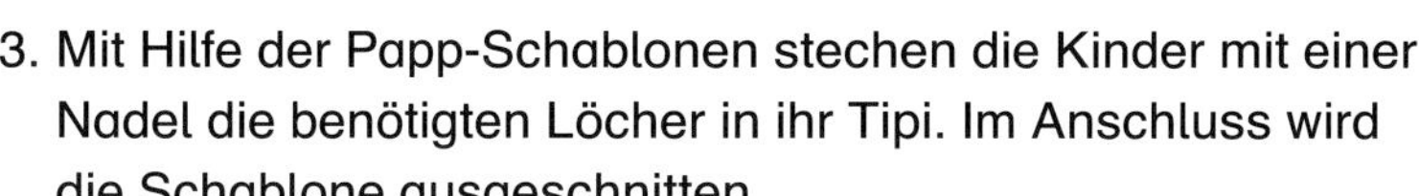

3. Mit Hilfe der Papp-Schablonen stechen die Kinder mit einer Nadel die benötigten Löcher in ihr Tipi. Im Anschluss wird die Schablone ausgeschnitten.

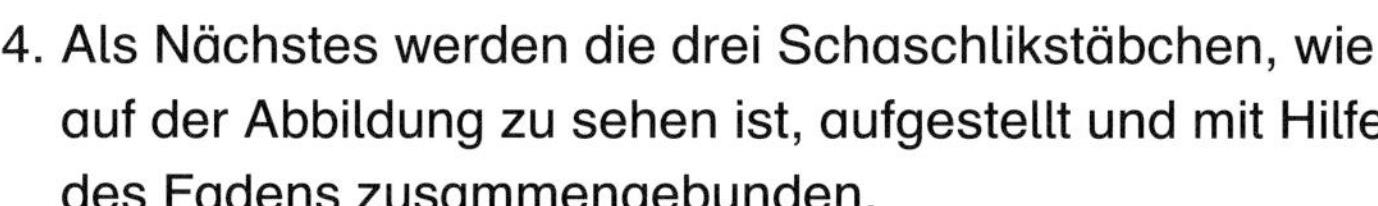

4. Als Nächstes werden die drei Schaschlikstäbchen, wie auf der Abbildung zu sehen ist, aufgestellt und mit Hilfe des Fadens zusammengebunden.

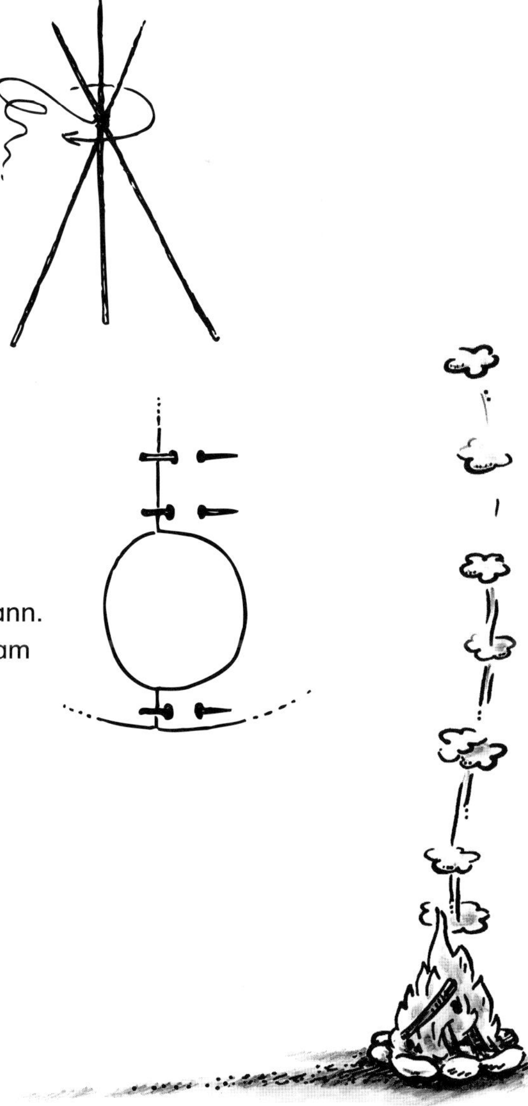

5. Dann wird die Plane (Schablone 1) um die Schaschlikstäbchen gelegt. Die Zahnstocher werden durch die vorgebohrten Löcher gestochen, sodass der „Eingang“ des Tipis geschlossen werden kann. Das Stammeszeichen wird ebenfalls mit Hilfe eines Zahnstochers am Tipieingang (dort, wo das x ist) befestigt.

Kopiervorlagen zu „Tipi bauen“

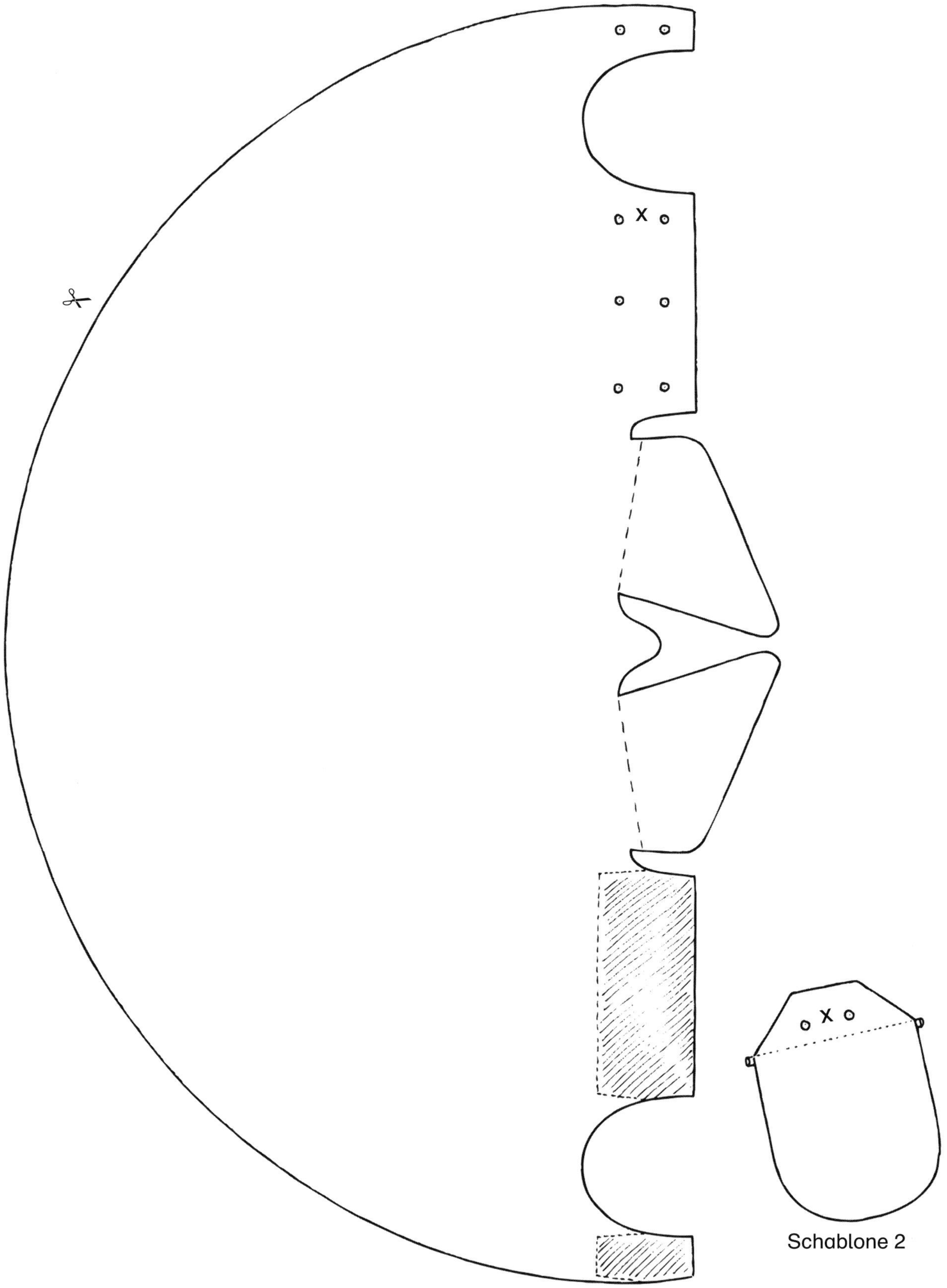

Schablone 1

Schablone 2

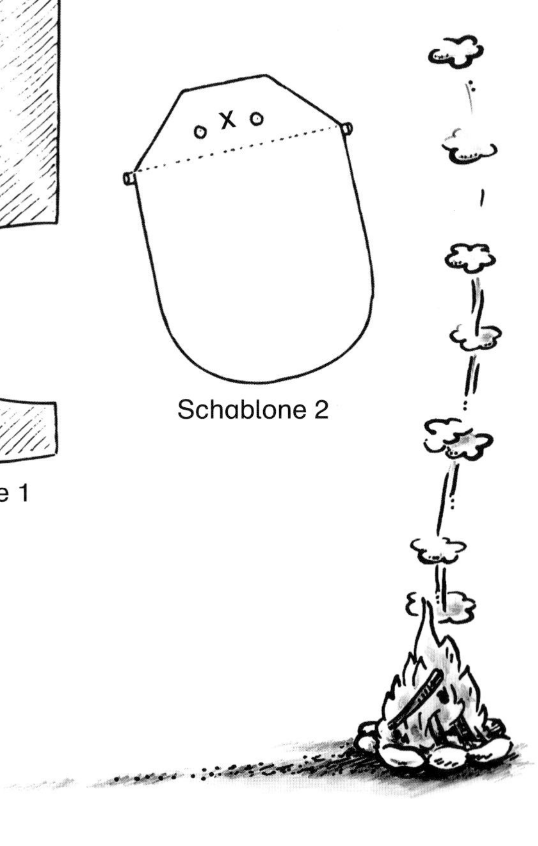

(bitte bei Bedarf hochkopieren)

Traumfänger weben (Kinderversion, ab 4 Jahren)

Material:
Pappteller, Wolle oder Bast, bunte Holzperlen, Federn, Zirkel, Klebeband, Locher oder Lochzange, Klebstoff, Scheren

Arbeitsanleitung:

1. Mit dem Zirkel wird etwa 2 cm vom Tellerrand entfernt ein Kreis eingezeichnet. Der Innenkreis wird ausgeschnitten, sodass ein Ring entsteht.

2. Mit der Lochzange oder dem Locher werden nun in gleichmäßigen Abständen 14 – 16 Löcher (je nach Größe des Rings) in den Ring gestanzt.

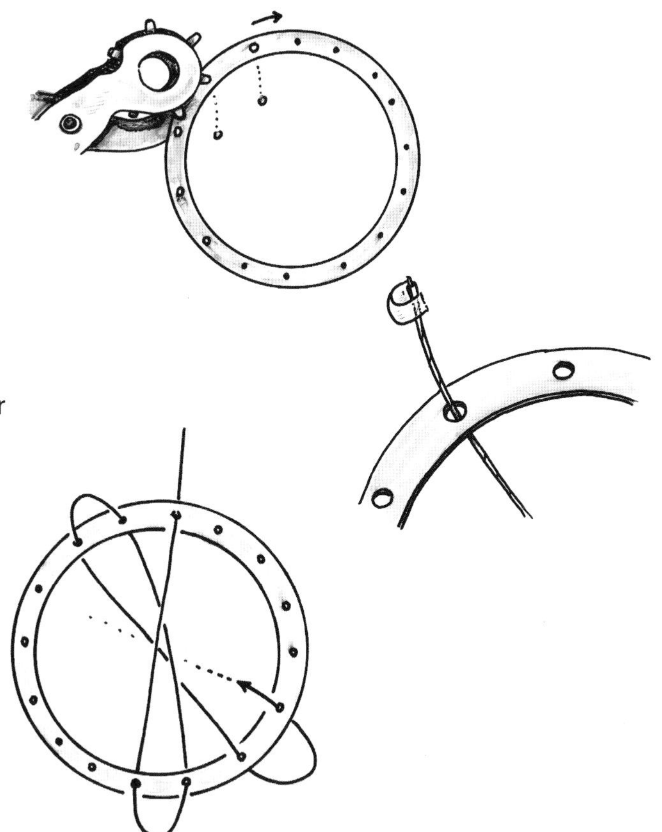

3. Dann wird ein langer Woll- oder Bastfaden abgeschnitten. Der Fadenanfang wird mit einem Stück Klebeband umwickelt und durch das erste Loch gezogen. Das Fadenende sollte etwa 10 cm herunterbaumeln, denn es wird später noch einmal gebraucht.

4. Nun wird der Faden kreuz und quer von einem Loch zum anderen gezogen, sodass ein Traumfängernetz entsteht. Dabei können zwischendurch, je nach Geschmack, bunte Holzperlen aufgezogen werden. So kann eine schöne Verzierung in den Traumfänger eingearbeitet werden.

5. Am Ende wird der letzte Faden wieder durch das erste Loch gezogen. Beide Fadenenden werden zu einer Schlaufe verknotet, an welcher der Traumfänger später aufgehängt werden kann.

6. Anschließend wird ein neuer Faden genommen und durch das Loch, das der Schlaufe gegenüberliegt, gezogen und verknotet. Am unteren Fadenende können Perlen aufgefädelt werden. Die letzte Perle wird mit dem Fadenende verknotet.

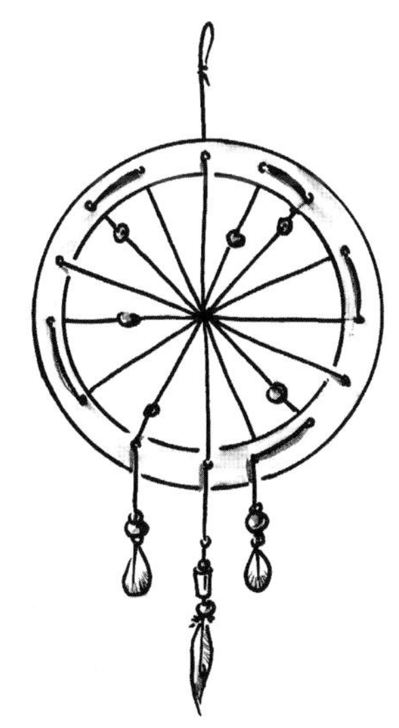

7. Ebenso wird mit den Löchern rechts und links daneben verfahren. Zum Schluss können in einige Perlen noch Federn gesteckt und mit etwas Klebstoff fixiert werden.

Totempfahl (ab 5 Jahren)

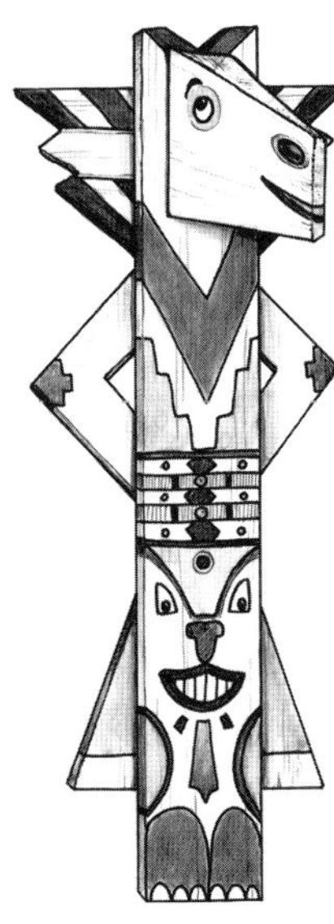

Material:
unbehandelte Weichholzreste (Fichte, Tanne, Kiefer) in verschiedenen Stärken und Längen (z. B. Dachlatten, Leimholz, Bretter, Kanthölzer, Rundhölzer, Zaunlatten), kleine Säge (Fuchsschwanz), Holzleim (für außen geeignet), Nägel in verschiedenen Längen und Stärken, 3 – 4 Hämmer, Werkbank oder alter Tisch, Schmirgelpapier grob und fein, Papier, Bleistifte, Borstenpinsel in verschiedenen Stärken, Joghurt- oder Margarinebecher für die Farben, Acryl-Buntlack in verschiedenen Farben

Das Holz bekommt man in den meisten Baumärkten kostenlos, manchmal auch einen Karton mit gemischten Nägeln. Wenn der Kindergarten nicht über eine Holzwerkstatt verfügt, gelingt es sicher, die meisten Werkzeuge über Eltern auszuleihen.

Arbeitsanleitung:

1. Erarbeiten Sie in einem Gespräch und anhand von Bildern mit den Kindern die Bedeutung der Totempfähle (s. o.) und besprechen Sie folgende Leitfragen:
   - Welchem Tier oder Fantasiewesen messen die Kinder besondere Fähigkeiten zu?
   - Von welchem Tier / Fantasiewesen würden sie sich gut beschützt fühlen?

2. Nach dieser Erarbeitung eröffnen Sie den Kindern, dass sie nun ihren eigenen Totempfahl bauen dürfen. Zeigen und besprechen Sie das vorhandene Material und evtl. ein fertiges Beispiel und regen Sie die Kinder nun an, ihren Totempfahl zunächst auf einem Blatt Papier zu skizzieren. Anschließend setzen die Kinder ihren Plan um, indem sie vorgesägte Holzreste zusammenfügen (leimen, nageln) oder auch eigene Formen sägen und zusammenfügen.

3. Zum Schluss bemalen die Kinder ihren Totempfahl fantasievoll. Im Garten der Kita aufgestellt zwischen Büschen und Bäumen sind die Totempfähle ein origineller Blickfang.

Planen Sie 3 – 4 Arbeitstage für die verschiedenen Arbeitsgänge ein (erarbeiten, sägen, schmirgeln, leimen und nageln, anmalen).

Für jüngere Kinder können Sie das Holz in unterschiedlichen Längen und Formen vorsägen, sodass für diese Kinder der Arbeitsgang „Sägen“ entfällt. Die Kinder fügen dann aus dem vorhandenen Holz ihren Totempfahl zusammen.

Vorrangig bei diesem Angebot ist das Kennenlernen des Werkstoffes „Holz“, das Experimentieren mit diesem Werkstoff und die Gewinnung von Erfahrungen, wie verschiedene Holzteile miteinander verbunden werden können. Zudem wird der geschickte Umgang mit Werkzeugen geübt und im Bereich der Sozialerfahrungen der folgende Grundsatz erarbeitet:

Wir unterstützen und helfen uns gegenseitig, sodass jedes Kind seinen Plan umsetzen kann.

Webkorb (ab 4 Jahren)

Material:
Vorlagen (s. S. 26), fester Karton, Bast oder dicke Wolle in verschiedenen Farben, evtl. Perlen

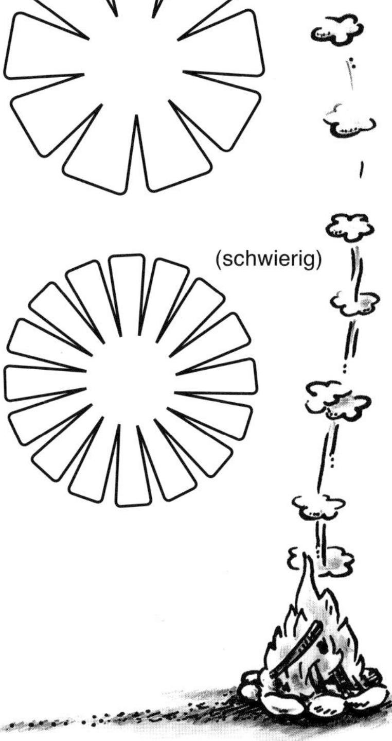

Arbeitsanleitung:
1. Kopieren Sie die Vorlagen für die Körbe auf festen Karton und stellen Sie daraus pro Korb eine Schablone her. (Je nach Fähigkeiten können auch die Kinder selbst eine der Schablonen auf feste Pappe übertragen und Sie schneiden die Vorlage dann sorgfältig aus.)

2. Dann werden die Seitenteile der Schablone nach innen gefaltet, sodass sie hochstehen.

3. Nun schneiden die Kinder einen längeren Faden Bast oder Wolle ab und legen ihn in Webtechnik um die hochstehenden Seitenteile herum. So verfahren sie mit wechselnden Farben bis etwa 0,5 cm unter dem oberen Rand. Die Farbübergänge werden entweder mit dem Ende des vorherigen Fadens verknotet oder zum Schluss vernäht.

Tipp:
Während des Webens können die Kinder in loser Folge Perlen auf den Webfaden ziehen und so ihrem Körbchen eine besondere Note verleihen.

BVK • Birgitt Lokan: Kita aktiv „Projektmappe Apachen, Sioux & Co.“

Webrahmen (ab 4 ½ Jahren)

Material:
4 gerade Äste, Paketschnur, naturfarbenes Baumwollgarn oder Bast, Wolle, Lederschnüre, Stoffstreifen, Gräser, evtl. kleine Säge

Arbeitsanleitung:
1. Sammeln Sie mit den Kindern bei einem Waldspaziergang gerade, etwa daumendicke Äste. Für einen Webrahmen benötigen die Kinder vier Äste, von denen zwei jeweils gleich lang sind.

2. Bauen Sie mit den Kindern einen Webrahmen, indem Sie aus den vier Ästen ein Rechteck legen und die Äste mit Paketschnur stabil miteinander verbinden.

neue Illu kommt

3. Anschließend den Webrahmen mit Bast oder Baumwollgarn bespannen. Dazu eine ungerade Zahl Kettfäden einzeln, in gleichmäßigen Abständen und fest gespannt von oben nach unten um den Rahmen wickeln und verknoten. Damit sich die Kettfäden nicht verschieben, können Sie am oberen und unteren Holz mit der Säge in gleichmäßigen Abständen kleine Einkerbungen machen.

4. Den fertig bespannten Rahmen können die Kinder nun mit unterschiedlichen Materialien beweben. Bei der Auswahl der Materialien sind der Fantasie keine Grenzen gesetzt.

Kopiervorlagen zu „Webkorb“

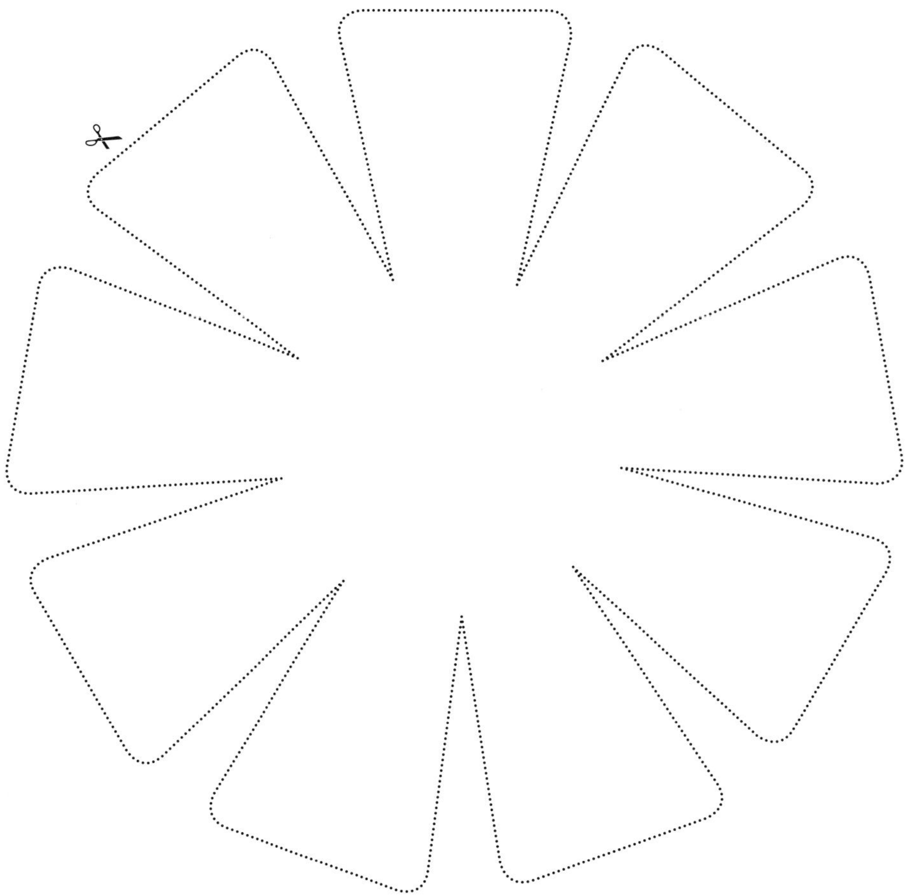

Schablone 1 (bitte um 160 % hochkopieren)

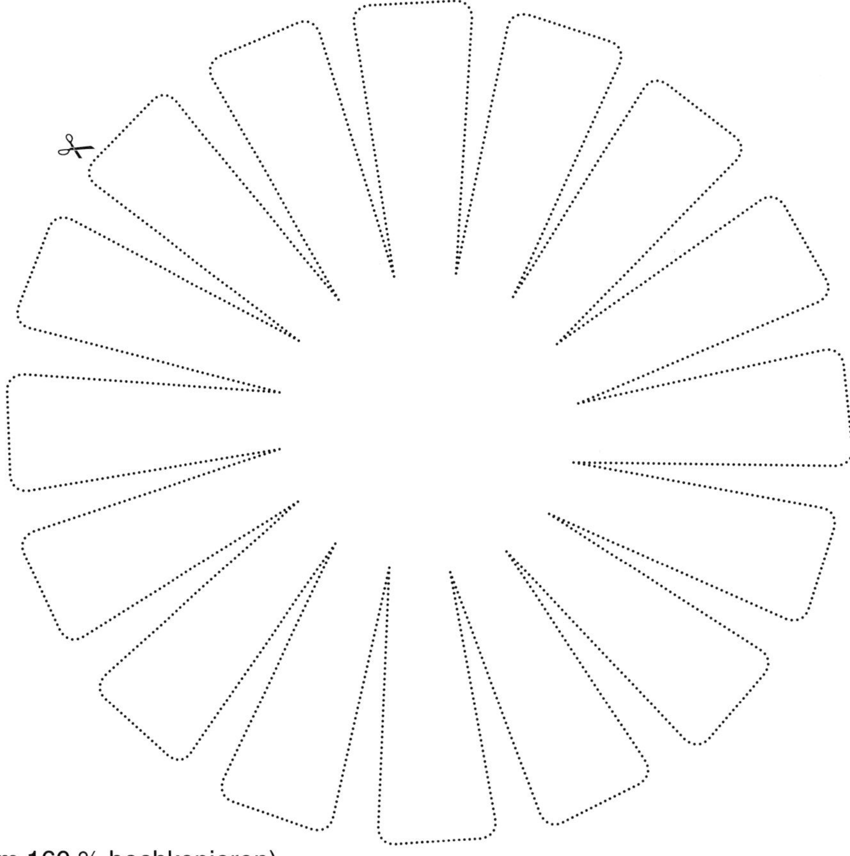

Schablone 2 (bitte um 160 % hochkopieren)

Faltarbeit Pferd (ab 4 Jahren)

Material (pro Kind):
quadratische Faltblätter, weiße Blätter (mind. DIN A4), Bastreste in Braun, Weiß, Schwarz, Beige, Tonpapierreste in verschiedenen Farben, Klebstoff, Buntstifte

Arbeitsanleitung:

1. Das Faltblatt mit einer Seite parallel zur Tischkante legen und die untere Seite auf die obere falten (= „Buch" falten).
2. Das „Buch" wieder auffalten. Nun erkennt man einen Hilfsknick (= Mittellinie).
3. Jetzt die untere Seite an die Mittellinie falten. Auch die obere Seite zur Mittellinie falten (= „Schrank").
4. Den „Schrank" umdrehen, sodass die „Türen" unten liegen. Die lange Seite liegt wieder parallel zur Tischkante.
5. Die lange Seite des „Schranks" auf die gegenüberliegende lange Seite falten. So entsteht ein langes, schmales Rechteck (= „Ziehharmonika").
6. Die eine kurze Seite nun auf die gegenüberliegende kurze Seite falten und gleich danach wieder zurückfalten. Man erhält nun wieder einen Hilfsknick (= Mittellinie).
7. Dann die untere rechte Ecke zwischen Daumen und Zeigefinger nehmen und sie so nach oben falten, dass die untere rechte Hälfte genau an dem Hilfsknick liegt.
8. Die Faltarbeit um 90 Grad nach links drehen und sie erst einmal beiseitelegen.
9. Die Schritte 1 – 6 mit dem zweiten Faltblatt wiederholen.
10. Nun die obere rechte Ecke des zweiten Faltblattes zwischen Daumen und Zeigefinger nehmen und sie so nach unten falten, dass die obere rechte Hälfte genau an dem Hilfsknick liegt. Dann hat man den Bauch und die Hinterbeine des Pferdes vor sich liegen.
11. Jetzt die erste Faltarbeit (= Vorderteil des Pferdes) links neben die zweite Faltarbeit (= Hinterteil des Pferdes) legen. Die zweite Faltarbeit in die untere Öffnung der ersten schieben (s. Abbildung).
12. Dann das Pferd auf ein Blatt Papier kleben und ihm ein Auge, Nüstern und das Maul aufmalen. Aus Tonpapierresten kann ein Sattel ausgeschnitten und dem Pferd auf den Rücken geklebt werden.
13. Aus Bastresten mehrere etwa 2 – 3 cm lange Streifen für die Mähne schneiden und auf das Pferd kleben. Für den Schweif ebenfalls mehrere Baststreifen verwenden.
14. Als Letztes kann um das Pferd mit Buntstiften die passende Umgebung gemalt werden.

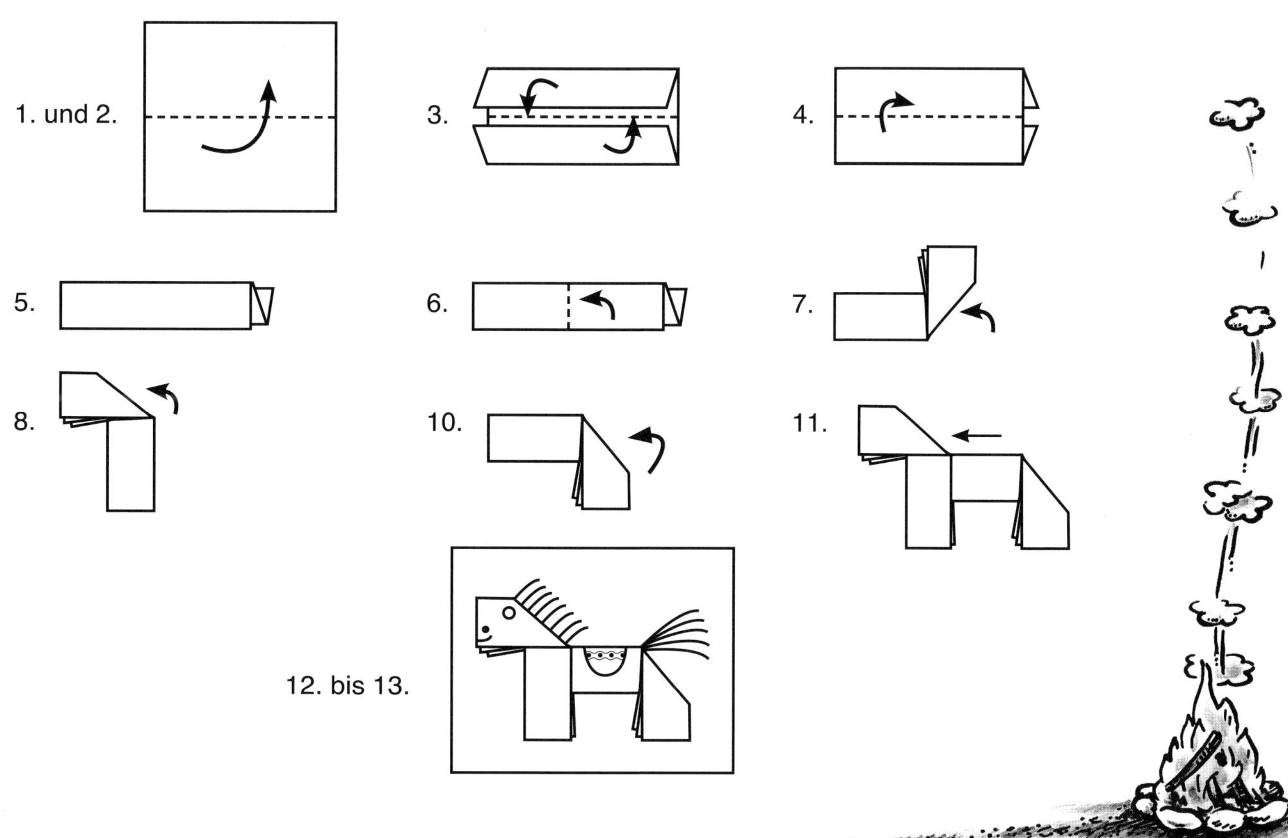

Die Farben der Natur (ab 3 Jahren)

Material:

Naturmaterialien mit eindeutiger Farbzuordnung (z. B. Gras, Blütenblätter, Blätter, Zweige, Steine, Kürbiskerne, Tannenzapfen, Stroh, Mais, Moos), Weidenkorb zur Aufbewahrung der Materialien, je ein DIN-A4-Blatt Tonpapier in zu den Materialien passenden Farben

Arbeitsanleitung:

1. Sammeln Sie mit den Kindern bei einem Spaziergang durch Wald oder Feld verschiedene Naturmaterialien und breiten Sie diese anschließend im Stuhlkreis aus.

2. Erarbeiten Sie mit den Kindern die Namen der gesammelten Schätze und lassen Sie die Farben bestimmen (je nach Alter der Kinder auch Farbnuancen wie z. B. hellrot, dunkelgrün, hellbraun etc.).

3. Breiten Sie die verschiedenen Tonpapiere im Stuhlkreis aus und bitten Sie die Kinder, nacheinander die Naturmaterialien den Farben der Tonpapiere zuzuordnen. Beim Zuordnen begleiten die Kinder ihr Handeln sprachlich, zum Beispiel: „Der Mais ist gelb.“ oder „Das Gras lege ich auf das hellgrüne Blatt.“

Für den weiteren Spielverlauf werden, je nach Alter der Kinder, unterschiedliche Anregungen gegeben, zum Beispiel:

- Lege den Mais auf das passende Tonpapier.
- Gib mir etwas Hellgrünes. Wie heißt es?
- Suche drei Teile heraus, die braun sind, und lege sie auf die passenden Tonpapiere.
- Lege einen großen grauen und einen kleinen grauen Stein auf das passende Tonpapier.
- Lege ein rotes Blatt (von einer Blüte oder einem Baum) auf die rote Karte.
- Ordne alle Materialien den passenden Tonpapieren zu.
- Von welcher Farbe haben wir die meisten Dinge gefunden?
- Von welcher Farbe haben wir die wenigsten Dinge gefunden?

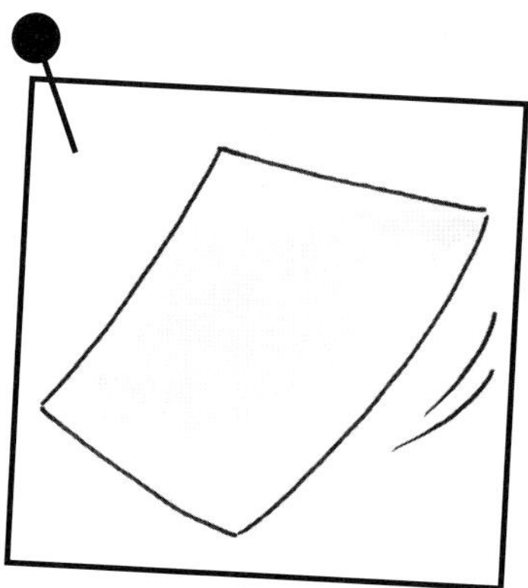

Blackfoot-Kimspiel (ab 3 Jahren)

Material:
kleine Steine (möglichst verschiedene Farben und Formen), kurze Stücke von Ästen oder Zweigen, kleine Federn, kleine Blüten, verschiedene Blütenblätter, Grashalme, Getreideähren, einige große getrocknete Samen oder Körner (z. B. von Sonnenblume, Kürbis, Melone), für jedes Material einen Behälter (z. B. Körbchen, Dose, Frischkäseschachtel mit durchsichtigem Deckel), 2 Legetabletts ca. DIN A4, 1 Tuch zum Abdecken des Legetabletts

Spielregeln:
Die Naturmaterialien liegen geordnet in Behältern in der Mitte zwischen den Spielern. Ein Kind dreht sich um oder verlässt den Raum, ein zweites Kind legt mit den vorhandenen Materialien auf dem Legetablett ein Muster. Anschließend schaut sich das erste Kind das gelegte Muster ca. eine Minute lang an. Das Muster wird dann mit einem Tuch zugedeckt. Das erste Kind versucht nun, das Muster nachzulegen. Zum Schluss werden die beiden Muster miteinander verglichen und evtl. die Unterschiede benannt. Dann sortieren die Kinder die Materialien wieder in die Behälter ein und bestimmen jeder ein anderes Kind für die nächste Kimrunde oder tauschen die Rollen (bei nur 2 Spielern).

Tipp:
Für jüngere oder in Kimspielen unerfahrene Kinder sollten die Muster sehr einfach sein. Begrenzen Sie die Materialien auf 2 – 3 Dinge oder geben Sie den Kindern die Regel, nur 4 – 6 Teile für ihr Muster zu verwenden. Zudem ist es möglich, das vorgelegte Muster nicht abzudecken, sondern die Kinder erst einmal versuchen zu lassen, es nachzulegen.

BVK • Birgitt Lokan: Kita aktiv „Projektmappe Apachen, Sioux & Co."

Natur-Mandala (ab 4 Jahren)

Material:
selbst gesammelte Schätze aus der Natur (je nach Jahreszeit: Blätter, Beeren, Eicheln, Kastanien, abgefallene Blütenblätter, Sand, Erde, Körner, Grashalme, Steinchen, Muscheln), für jedes Material einen Behälter, Unterlagen aus dicker Pappe oder aus Sperrholz (ca. 40 x 40 cm), Klebstoff, Maldecken, Bleistifte, verschiedene runde Teller als Kreisschablonen, 1 großes Tuch zum Abdecken des Materialtisches, Wolle oder Kordel zum Aufhängen, Scheren

Arbeitsanleitung:
Erarbeiten Sie mit den Kindern zunächst im Gespräch folgende Fragen (ggf. unter Zuhilfenahme verschiedener, sehr einfach strukturierter Mandalas als Anschauungsmaterial): Wer weiß, was ein Mandala ist? Wie sieht ein Mandala aus? Was ist immer gleich/ähnlich bei einem Mandala? Welche runden Dinge aus der Natur kennst du? (Ggf. helfen auch hier Bilder als Anschauungsmaterial, z. B. von einer Sonnenblumenblüte, einem Spinnennetz, der Sonne, dem Mond oder der Erde.)

Danach decken Sie gemeinsam mit den Kindern den Materialtisch auf, betrachten und besprechen mit ihnen die verschiedenen Materialien und motivieren sie, ihre eigenen Mandalas zu legen.
Die Kinder entscheiden selbst, ob sie mit Hilfe der Teller eine Form auf ihrer Unterlage vorzeichnen, ob sie freihändig eine Kreisform aufzeichnen oder ob sie andere Formen (Kreuz, Blütenblätter) bevorzugen. Wenn Sie Pappe verwenden, können die Kinder ihre Form vor dem Gestalten mit Naturmaterialien ausschneiden. Mit den Naturmaterialien legt und klebt jedes Kind sein eigenes Mandala. Das fertige Mandala mit einem Loch zum Aufhängen versehen und ein Stück Kordel oder Wolle als Aufhängefaden durchziehen und verknoten.

Bärentatzen (ab 3 Jahren)

Zutaten:
Wasser, 1 Tafel Vollmilchschokolade, 125 g Mandelstifte, etwas Zimt

Arbeitsmittel:
1 Topf, Porzellan- oder Glasschale, die in den Topf passt, Herdplatte, 2 Teelöffel, Backblech (oder, je nach Kühlschrankgröße, große Teller) und Backpapier

Das Backblech wird mit Backpapier ausgelegt und zunächst an die Seite gestellt. Das Wasser wird in den Topf gefüllt und auf der Herdplatte erhitzt. Dann die Glas- oder Porzellanschale hineinstellen, die Schokolade in kleine Stückchen brechen und im Wasserbad schmelzen lassen.
Wenn die Schokolade geschmolzen ist, kann der Topf von der Herdplatte genommen und vorsichtig etwas Zimt und die Mandelstifte in die flüssige Schokolade eingerührt werden. Danach werden mit zwei Teelöffeln runde, flache Tatzen auf das Backblech gesetzt und anschließend im Kühlschrank kaltgestellt.

Eine Delikatesse für kleine und große Apachen!

Popcorn mit Honig (ab 3 Jahren)

Zutaten:
Popcornmais, 1 Glas flüssiger Honig, etwas Öl

Arbeitsmittel:
Topf mit (Glas-)Deckel, Herdplatte, 2 Esslöffel, 1 Schüssel oder Papiertüten für das fertige Popcorn

Das Öl wird im Topf erhitzt. Wenn es heiß ist, werden so viele Maiskörner in den Topf gefüllt, dass der Topfboden gerade bedeckt ist.
Nun wird der Deckel auf den Topf gelegt und gemeinsam gewartet, bis alle Körner „Plopp“ gemacht haben. Durch einen Glasdeckel kann man schön beobachten, wie die Maiskörner aufgehen und wann das Popcorn fertig ist.
Wenn kein „Plopp“ mehr zu hören ist, wird der Topf vom Herd genommen und ein Esslöffel Honig untergerührt.
Nun kann das Popcorn in eine Schüssel oder in kleine Papiertüten gefüllt werden!

BVK • Birgitt Lokan: Kita aktiv „Projektmappe Apachen, Sioux & Co.“

Amulett aus Lebkuchenteig (ab 3 Jahren)

Zutaten für den Teig:
200 g Butter oder Margarine, 500 g Honig, 250 g brauner Zucker, 2 Esslöffel Lebkuchengewürz, 1 Prise Salz, 2 Eier, 100 g Mehl, 2 Teelöffel Backpulver

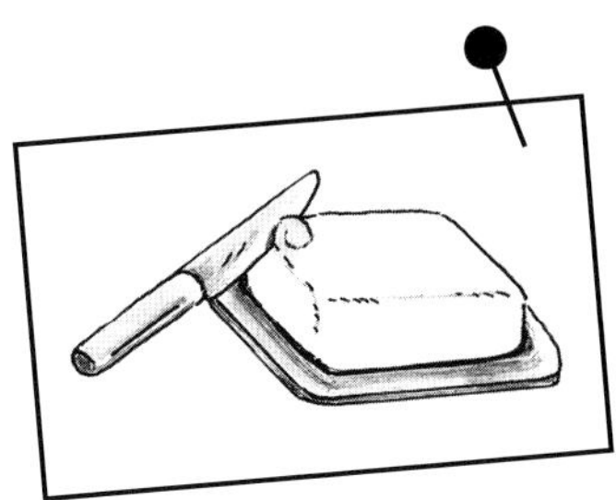

Zutaten für den Zuckerguss / die Fertigstellung des Amuletts:
1 Ei, 250 g Puderzucker, einige Tropfen Wasser, verschiedene Lebensmittelfarben, Baumwoll- oder Lederband

Arbeitsmittel:
Topf, Herdplatte, Nudelholz, Schüssel, Küchenwaage, Tasse, Backofen, Backblech, Backpapier, Backpinsel, neue dünne Haarpinsel, verschiedene kleine Schalen für angerührte Lebensmittelfarben, Gabeln, Sieb, Teelöffel, Unterlage (Brettchen, Backpapier, Pappe ...), Schaschlikspieß

1. Als Erstes wird die Butter oder Margarine mit dem Honig und dem Zucker in einem Topf bei geringer Temperatur und unter ständigem Rühren so lange erhitzt, bis sich der Zucker vollständig aufgelöst hat.

2. Dann wird der Topf von der Herdplatte genommen und die Mischung in eine Schüssel gefüllt. Nun müssen das Lebkuchengewürz, die Prise Salz und die Eier hinzugegeben werden. Anschließend wird das Backpulver mit dem Mehl vermischt und unter die Honigmasse geknetet. Nun sollte der Teig bei Zimmertemperatur eine Stunde ruhen.

3. Anschließend wird der Teig auf einer bemehlten Arbeitsfläche ausgerollt. Mit einer Tasse können Kreise aus dem Teig ausgestochen und auf ein mit Backpapier ausgelegtes Backblech gelegt werden.

4. Das Ei für den Zuckerguss wird getrennt und das Eigelb mit einer Gabel verschlagen. Nun werden die Lebkuchenkreise mit Eigelb bestrichen und bei 200 °C etwa 12 – 15 Min. im Backofen gebacken.

5. Noch im heißen Zustand wird durch alle fertig gebackenen Lebkuchenkreise mit dem Schaschlikspieß, etwa 1 cm vom Rand entfernt, ein Loch gestochen. Dann müssen die Lebkuchen abkühlen und können am Nachmittag oder am nächsten Tag weiterbearbeitet werden.

Fertigstellung des Amuletts:
Jedes Kind erhält einen Lebkuchenkreis auf einer Unterlage (z. B. Brettchen, Backpapier, Pappe). Nun werden die Lebkuchen mit farbigem Puderzuckerguss als Amulett gestaltet. Dazu das Eiweiß und einige Tropfen Wasser mit einer Gabel schaumig schlagen. Dann nach und nach mit dem Teelöffel gesiebten Puderzucker einrühren, sodass eine dickflüssige glatte Masse entsteht. Die Masse auf verschiedene Schalen verteilen und nach Belieben Lebensmittelfarbe unterrühren. Nun können die Kinder ihr Amulett mit feinen Haarpinseln bemalen. Anschließend die Amulette trocknen lassen, durch das Loch ein Baumwoll- oder Lederband ziehen und die Amulette umhängen.

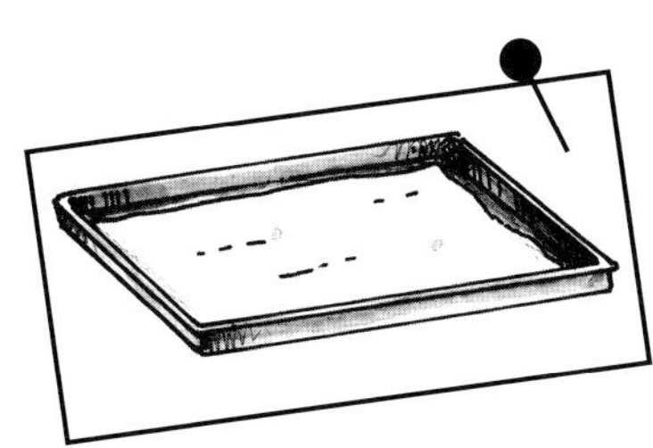

Fladenbrot (ab 3 Jahren)

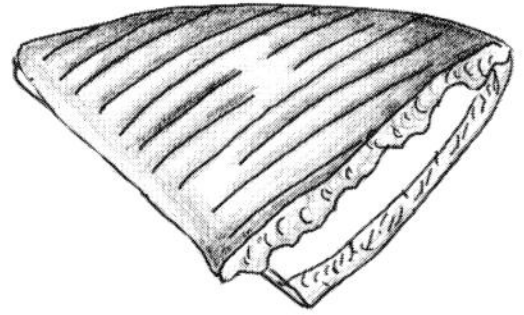

Zutaten (ergibt ca. 20 kleine Fladenbrote):
600 g Mehl, 1 ½ Teelöffel Salz, 42 g frische Hefe, ¼ l Wasser,
250 g Frischkäse (evtl. mit Kräutern), 10 g Sesam-Samen

Arbeitsmittel:
Schüssel, Küchenwaage, Holzrührlöffel, Backpinsel, (Küchen-)Messer, 1 Tasse Salzwasser, Backbleche, Backpapier, Backofen

Die Hefe wird in ¼ l warmem Wasser aufgelöst und dann mit dem Mehl, dem Salz und dem Frischkäse in der Schüssel zu einem geschmeidigen Teig verrührt. Wenn der Teig zu bröselig ist, kann vorsichtig noch etwas Wasser zugegeben werden. Nun muss der Teig an einem warmen Ort 30 Minuten gehen.
Dann erhält jedes Kind ein kleines Stück Teig. Dieses knetet es noch einmal kräftig durch, rollt dann eine Kugel daraus und drückt diese anschließend zu einem flachen Fladen. In die Oberfläche werden mit einem Messer Längs- und Querstreifen eingeritzt. Anschließend werden die Fladenbrote mit dem Pinsel mit Salzwasser bestrichen. Zum Schluss können die Brote mit Sesam-Samen bestreut werden.
Die Fladenbrote werden nun auf ein mit Backpapier ausgelegtes Backblech gelegt und müssen im Backofen bei 200 °C etwa 15 Minuten backen.

Tipp:
Ein besonderes Erlebnis für die Kinder ist es, wenn sie am Lagerfeuer ihr Fladenbrot auf großen, flachen, sauber gebürsteten und mit Speiseöl bestrichenen Steinen, die in der Glut liegen, backen können.

Friedenstrunk / Krafttrunk (ab 3 Jahren)

Zutaten:
roter Früchtetee (lose oder im Beutel, ausreichend für 2 Liter),
2 l kochendes Wasser, Grenadinesirup, 3 Orangen, 2 Zitronen, Mineralwasser

Arbeitsmittel:
Wasserkocher oder Topf und Herdplatte,
große Kanne, Zitronenpresse, scharfes Messer,
Schneidebrettchen

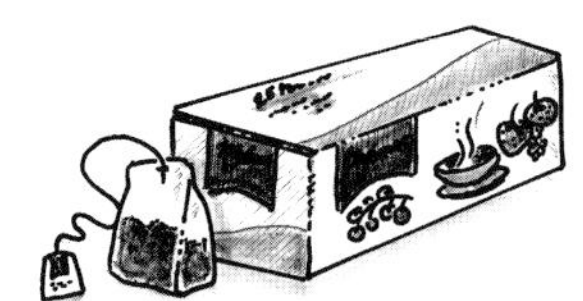

Der Früchtetee wird zubereitet, in eine große Kanne gegossen und noch warm mit dem Grenadinesirup abgeschmeckt. Dann werden die Orangen und die Zitronen quer in der Mitte durchgeschnitten und ausgepresst. Der Saft wird zu dem Früchtetee gegeben. Nun muss alles abkühlen.
Kurz vor dem Servieren wird der Tee mit dem kalten Mineralwasser aufgefüllt.
Der Tee schmeckt als Durstlöscher auch eisgekühlt sehr gut!

Tipp:
Der Tee kann als Krafttrunk, zum Beispiel nach einer Bewegungsstunde, getrunken werden und bringt verbrauchte Kräfte und Energien zurück, sodass die Apachen ihre nächsten Aufgaben gestärkt erfüllen können. Auch als Friedenstrunk in der Gemeinschaft bzw. zum Abschluss eines Konfliktes, um die gemeinsam erarbeitete Lösung zu besiegeln, hat sich dieses Getränk bewährt.

BVK • Birgitt Lokan: Kita aktiv „Projektmappe Apachen, Sioux & Co.“

Hungrige Sioux (1) (ab 3 Jahren)

Material:
Vorlagen (s. unten und s. S. 34), 10 leere Streichholzschachteln, 55 harte Maiskörner in einer kleinen Plastikdose, Pinzetten

Vorbereitung:
Vorlagen kopieren, ausschneiden und um die Streichholzschachteln kleben.

Spielregeln:
Für die hungrigen Sioux müssen kleine Maispäckchen verpackt werden, indem die Kinder mit der Pinzette die Maiskörner entsprechend der abgebildeten Punkte / Zahlen in die Schachteln zählen.

Variante (für jüngere Kinder):
Schachteln nur im Zahlenraum bis 5 verwenden. Die Kinder können die Maiskörner auch mit den Fingern in die Schachtel zählen (trainiert den Pinzettengriff).

Kopiervorlage zu „Hungrige Sioux" (1):

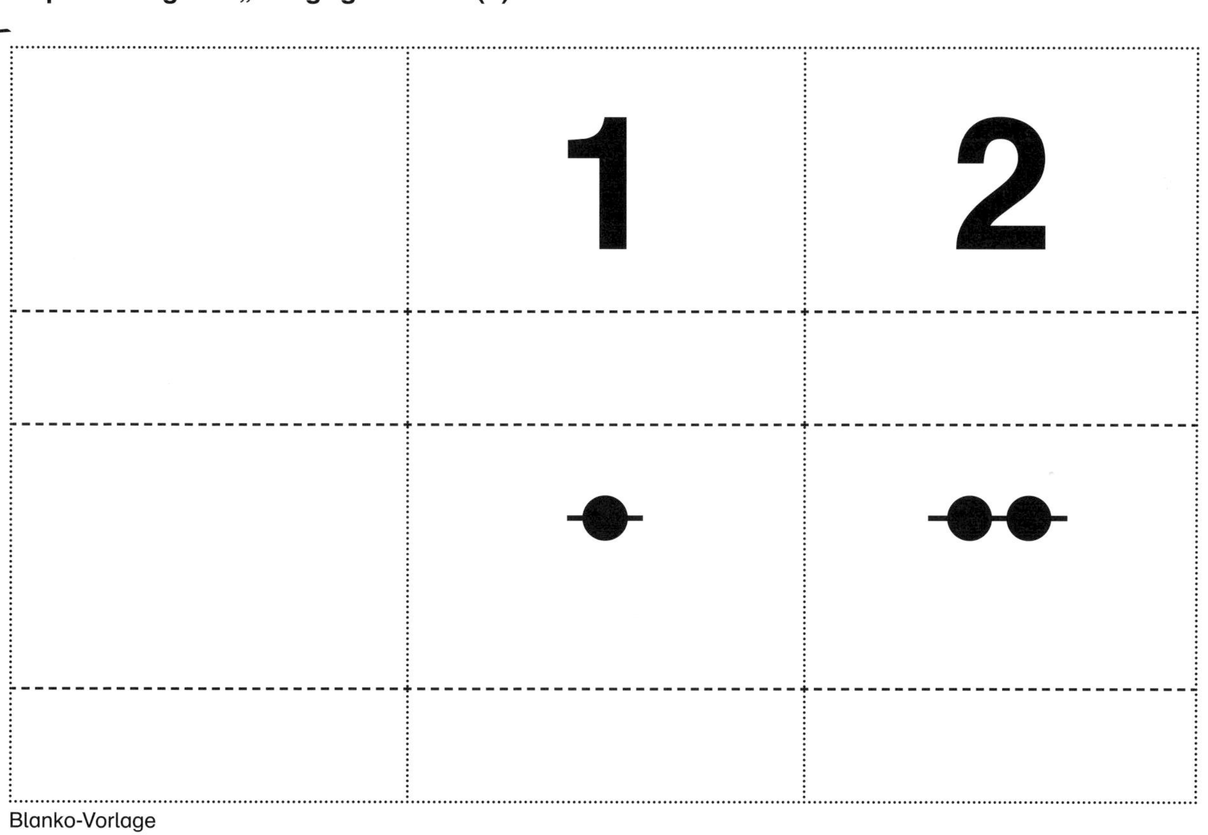

Blanko-Vorlage

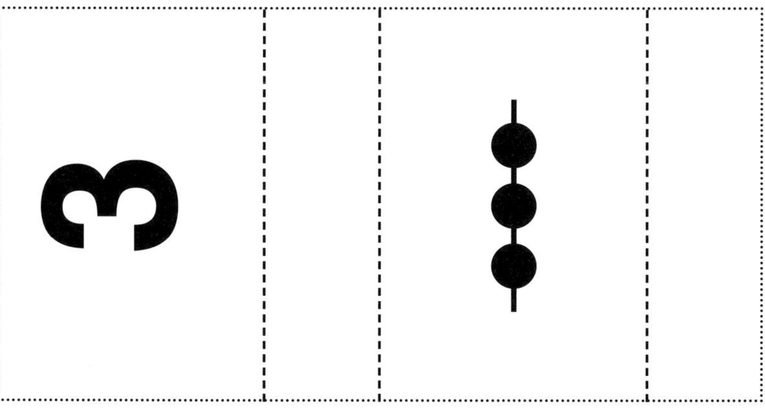

.... schneiden
- - - - - - - - - - - falten

Kopiervorlage zu „Hungrige Sioux“ (2)

4	5	6
●●●●	●●●●●	●●●●●●
7	8	9
●●●●●●●	●●●●●●●●	●●●●●●●●●

10		●●●●●●●●●●	

schneiden

falten

Flinke Feders Rechen-Memo (für 2 – 4 Spieler, ab 5 Jahren)

Material:
Vorlage mit „Bildkarten", „Zahlenchips" und „Punktechips" (s. S. 36), fester Karton, Spieledose

Vorbereitung:
Die Bildkarten einmal und die Zahlen- und Punktechips mehrfach auf festen Karton kopieren und laminieren. Evtl. vor dem Laminieren farbig gestalten. Alles ausschneiden und in einer Spieledose aufbewahren.

Spielregeln:
Jedes Kind erhält einen Satz Punktechips oder einen Satz Zahlenchips von 2 – 10. Die Bildkarten werden verdeckt auf dem Tisch verteilt. Reihum decken die Kinder jeweils zwei Karten auf. Haben sie unterschiedliche Motive aufgedeckt, werden die Karten wieder umgedreht. Decken sie zwei gleiche Motive auf, zählen die Kinder die Bilder zusammen und legen blitzschnell einen passenden Zahlen- oder Punktechip in die Mitte. Wer zuerst den richtigen Chip in die Mitte gelegt hat, nimmt das Pärchen. Wer hat am Ende die meisten Pärchen?

Hinweis:
Ob man die Punkte- oder die Zahlenchips einsetzt, hängt vom Alter, Ziffern- und Mengenverständnis der Kinder ab.

Häuptling-Sudoku (ab 4 Jahren)

Schwierigkeitsgrade:
- **einfach:** zwei Felder sind leer
- **mittel:** 4 Felder sind leer
- **schwer:** 7 Felder sind leer

Material:
Vorlagen mit Bildkärtchen (s. S. 37 – 38, bei Bedarf bitte hochkopieren), evtl. Spielschachteln

Vorbereitung:
Sudoku-Vorlagen kopieren und laminieren. Ebenso mit den Bildplättchen verfahren, die auf die jeweiligen leeren Felder gelegt werden müsse .

Tipp:
Bewahren Sie die Sudoku-Vordrucke und Bildplättchen in verschiedenen Spielschachteln auf.

Spielregeln:
Die Kinder legen die Spielplättchen so auf die Sudoku-Felder, dass senkrecht, waagerecht und innerhalb eines Feldes (bestehend aus je vier kleinen Feldern) immer nur ein Motiv liegt.

BVK • Birgitt Lokan: Kita aktiv „Projektmappe Apachen, Sioux & Co."

Kopiervorlage zu „Flinke Feders Rechen-Memo“

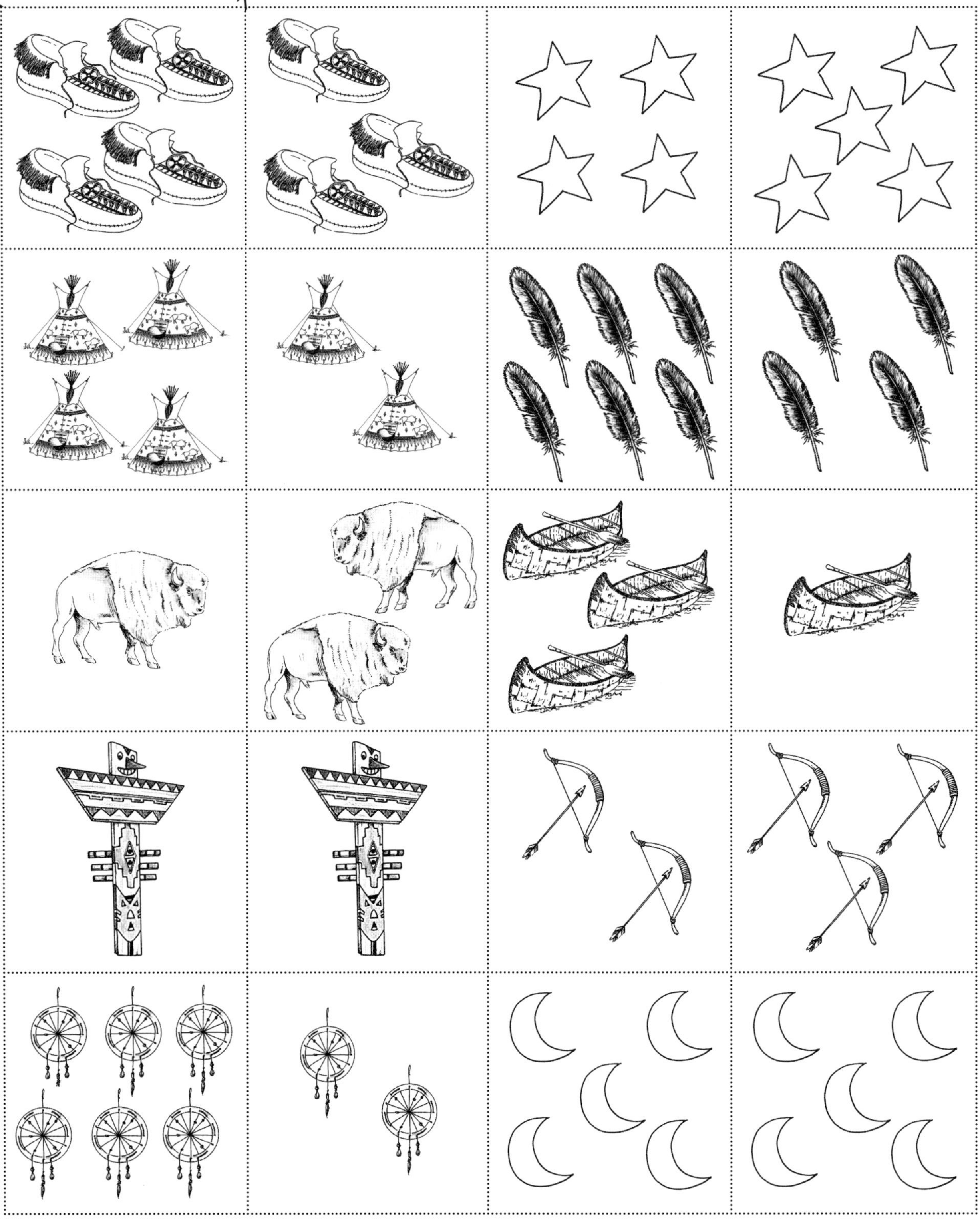

2	3	4	5	6	7	8	9	10	Zahlenchips
									Punktechips

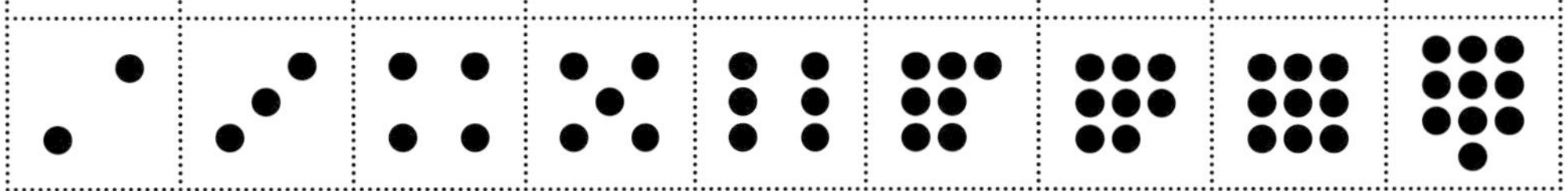

(Bitte bei Bedarf hochkopieren, eine Vergrößerung um 150 % ergibt eine Seitenlänge von 6 cm, sodass Sie die Bilder auf Blanko-Memo-Karten kleben und anschließend mit Buchfolie einbinden können. So erhalten Sie ein langlebiges Memo-Spiel für die Gruppe.)

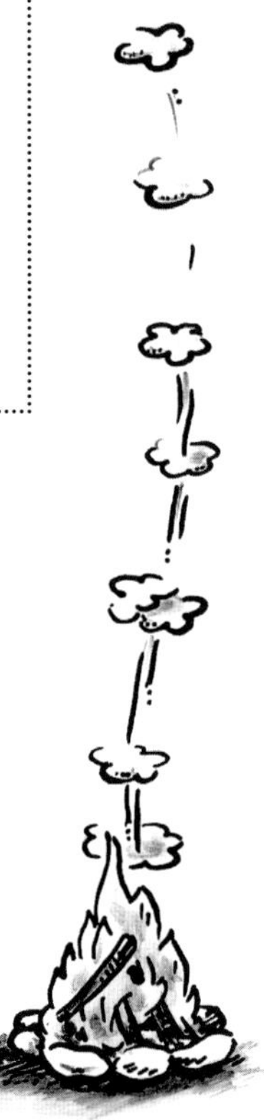

Kopiervorlage zu „Häuptling-Sudoku“ (1)

einfach

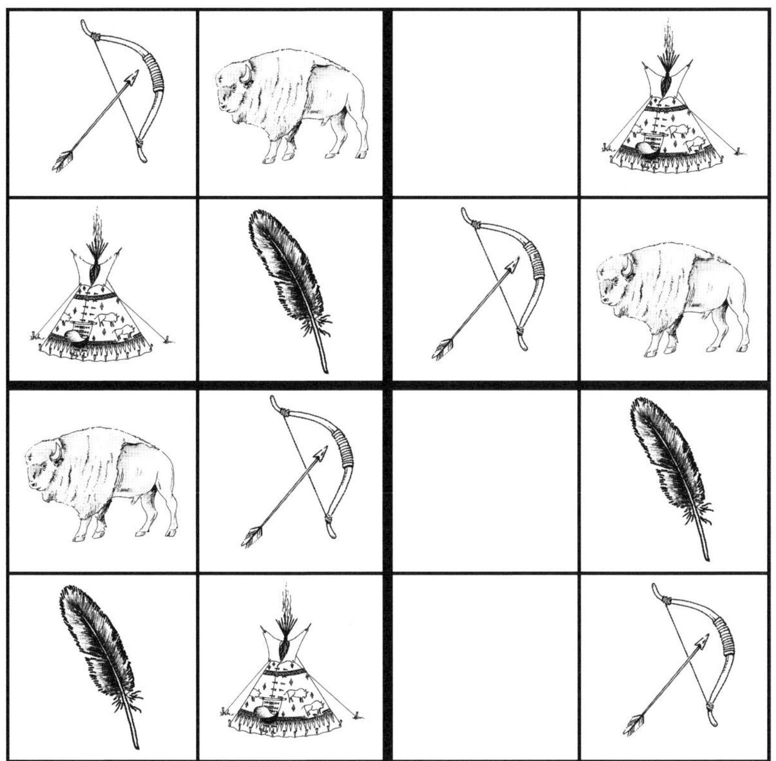

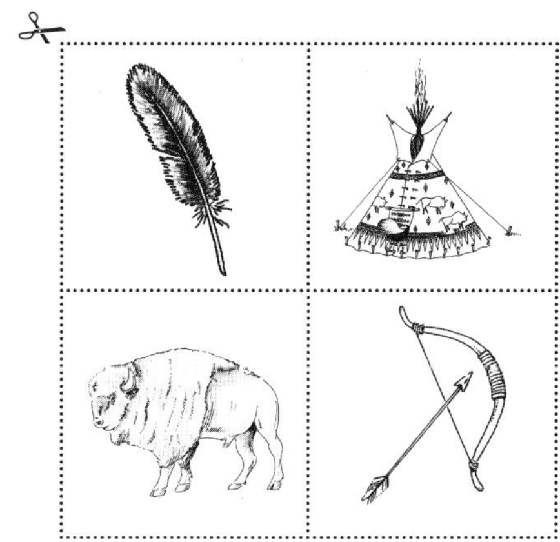

mittel

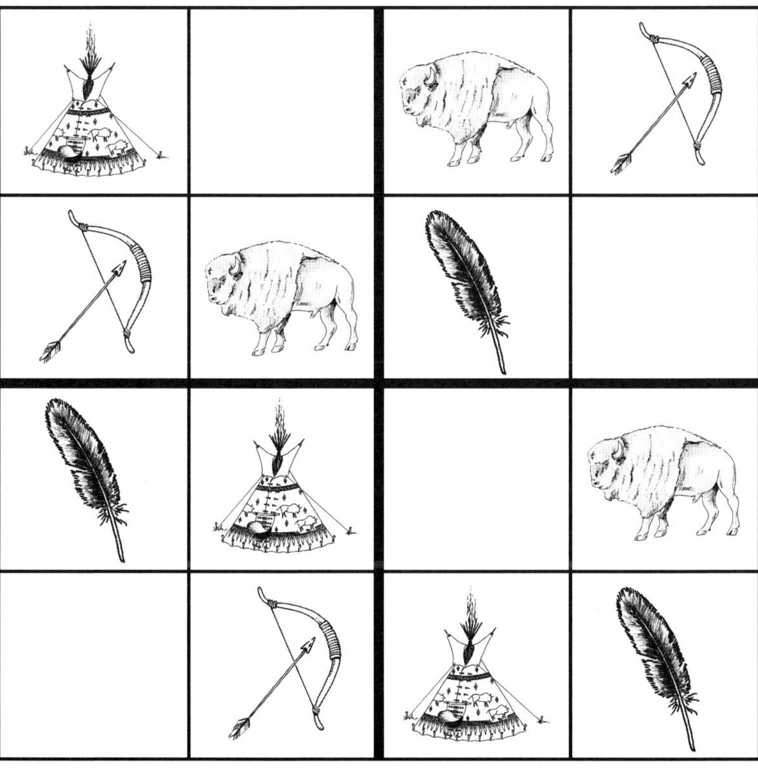

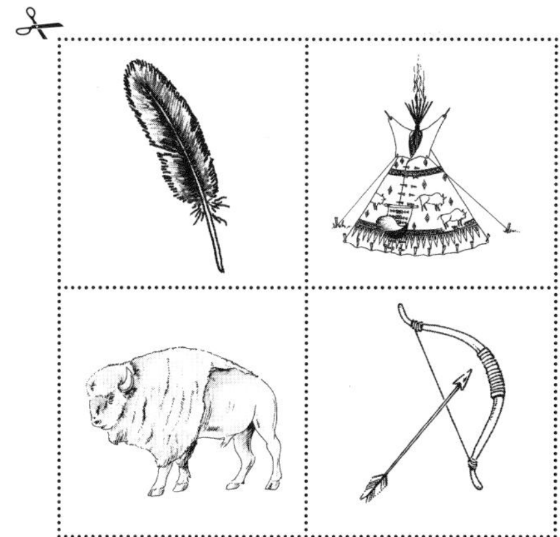

Kopiervorlage zu „Häuptling-Sudoku" (2)

schwer

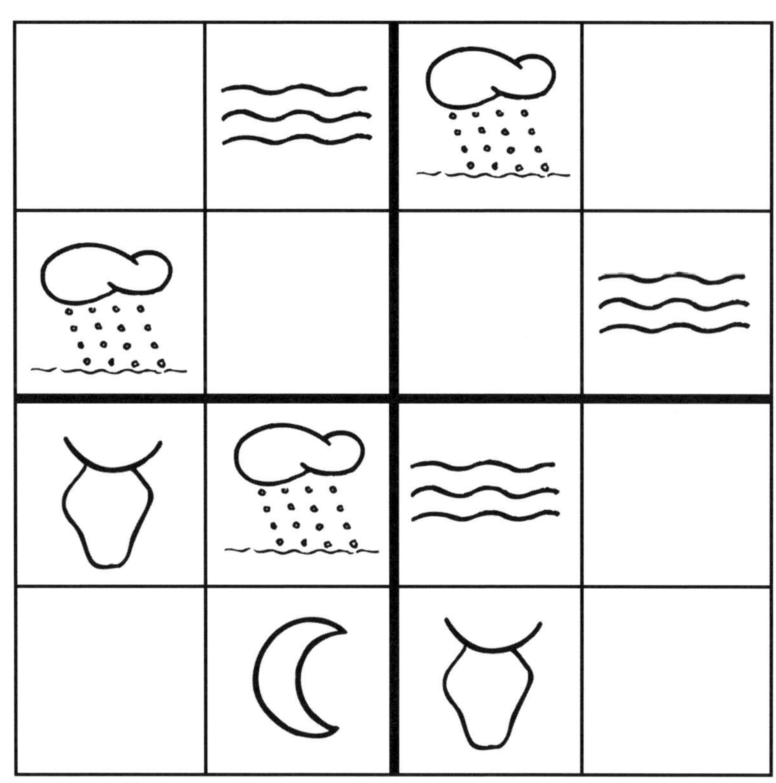

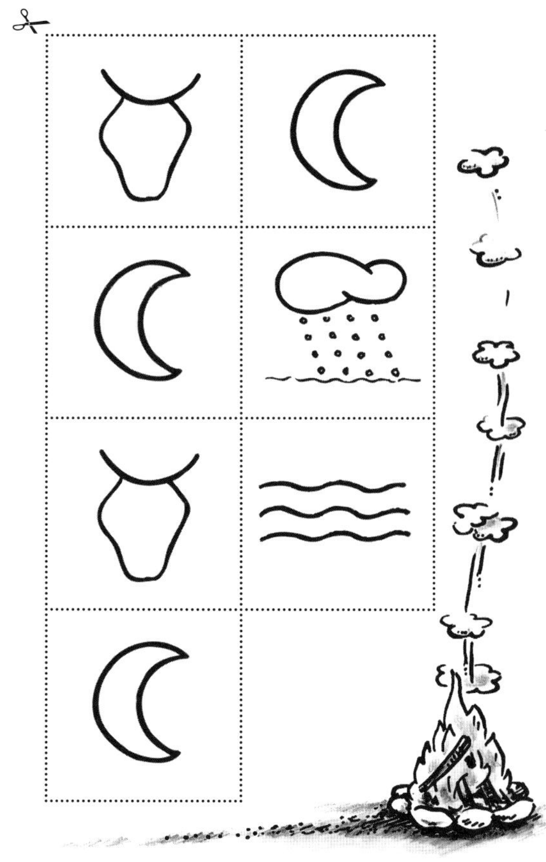

Klein und groß (ab 3 Jahren)

Flinke Feder ist der Kleinste seines Stammes.
Sein Vater Große Feder ist der Größte im Indianerlager.
Male sie bunt.

Tiere und ihre Größen (ab 4 Jahren)

Aufgaben:

1. Kennst du diese Tiere? Wie heißen sie?
2. Welches dieser Tiere magst du am liebsten?
3. In der Natur sind nicht alle Tiere gleich groß. Welches ist das kleinste Tier?
   Male es in seinen natürlichen Farben an!
4. Zeige mir das größte Tier. Wie heißt es?
   Male es in seinen natürlichen Farben an.

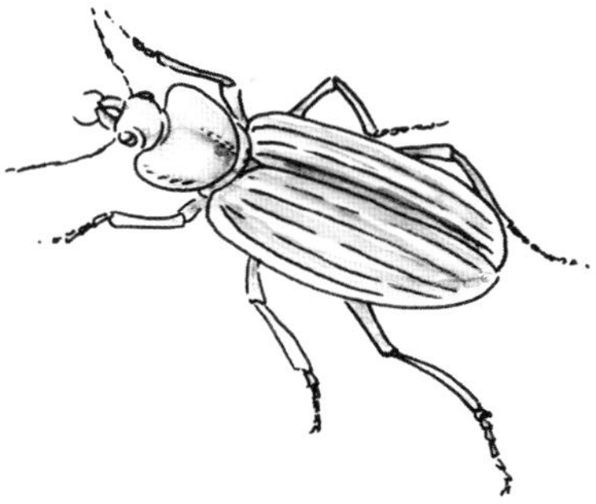

Größenunterschiede (ab 5 Jahren)

Aufgabe:

Trage das richtige Zeichen in die Kästchen ein:

< = kleiner als **> = größer als**

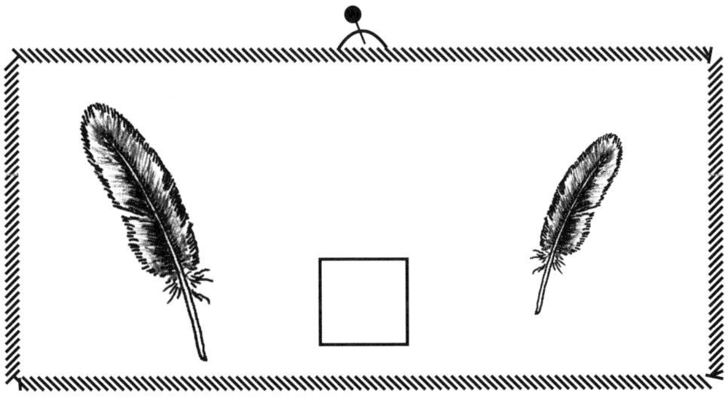

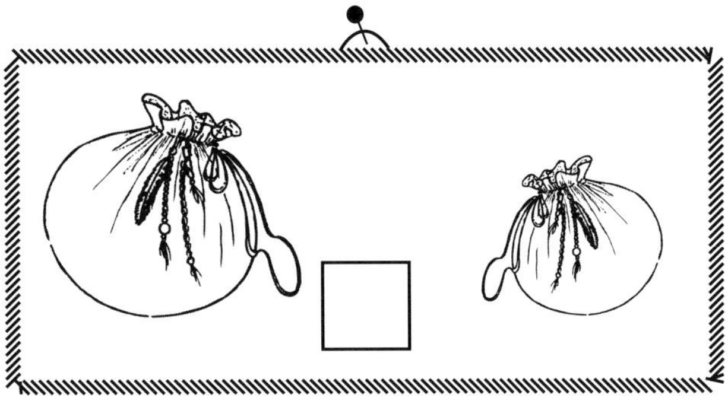

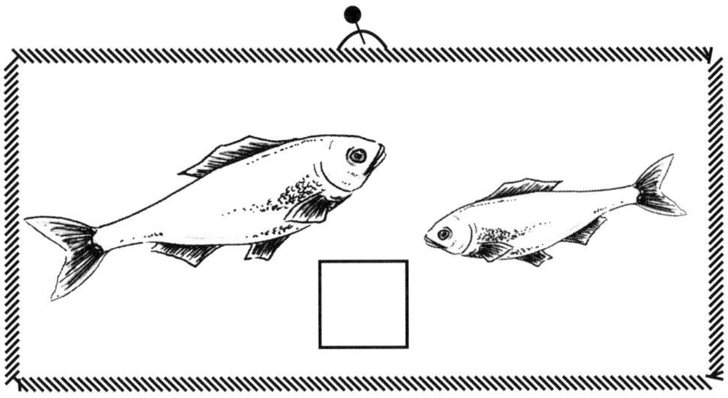

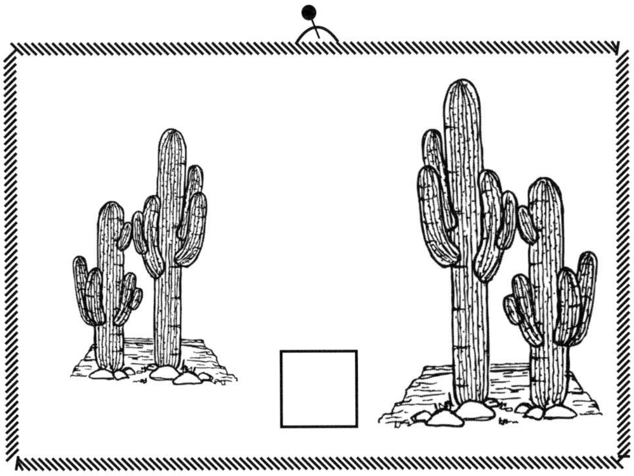

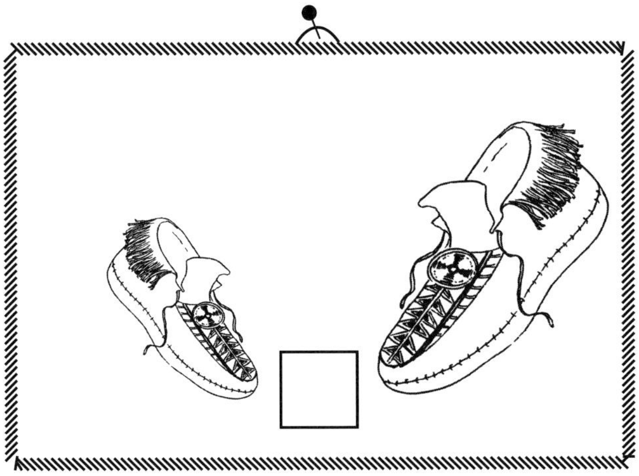

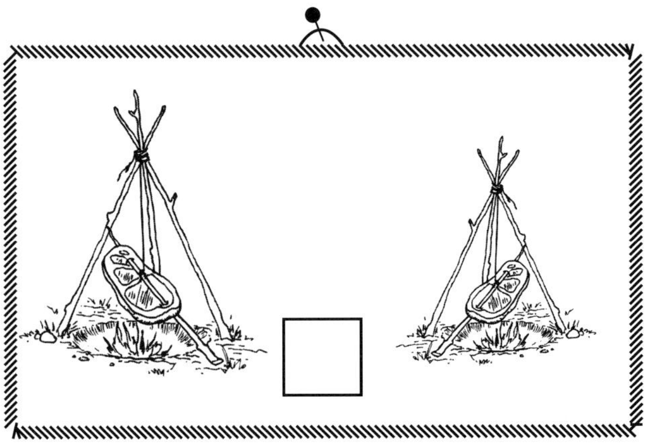

BVK • Birgitt Lokan: Kita aktiv „Projektmappe Apachen, Sioux & Co.“

Zahlen und Bilder verbinden (ab 4 Jahren)

Aufgabe:

Verbinde die Zahlen mit den passenden Bildern.

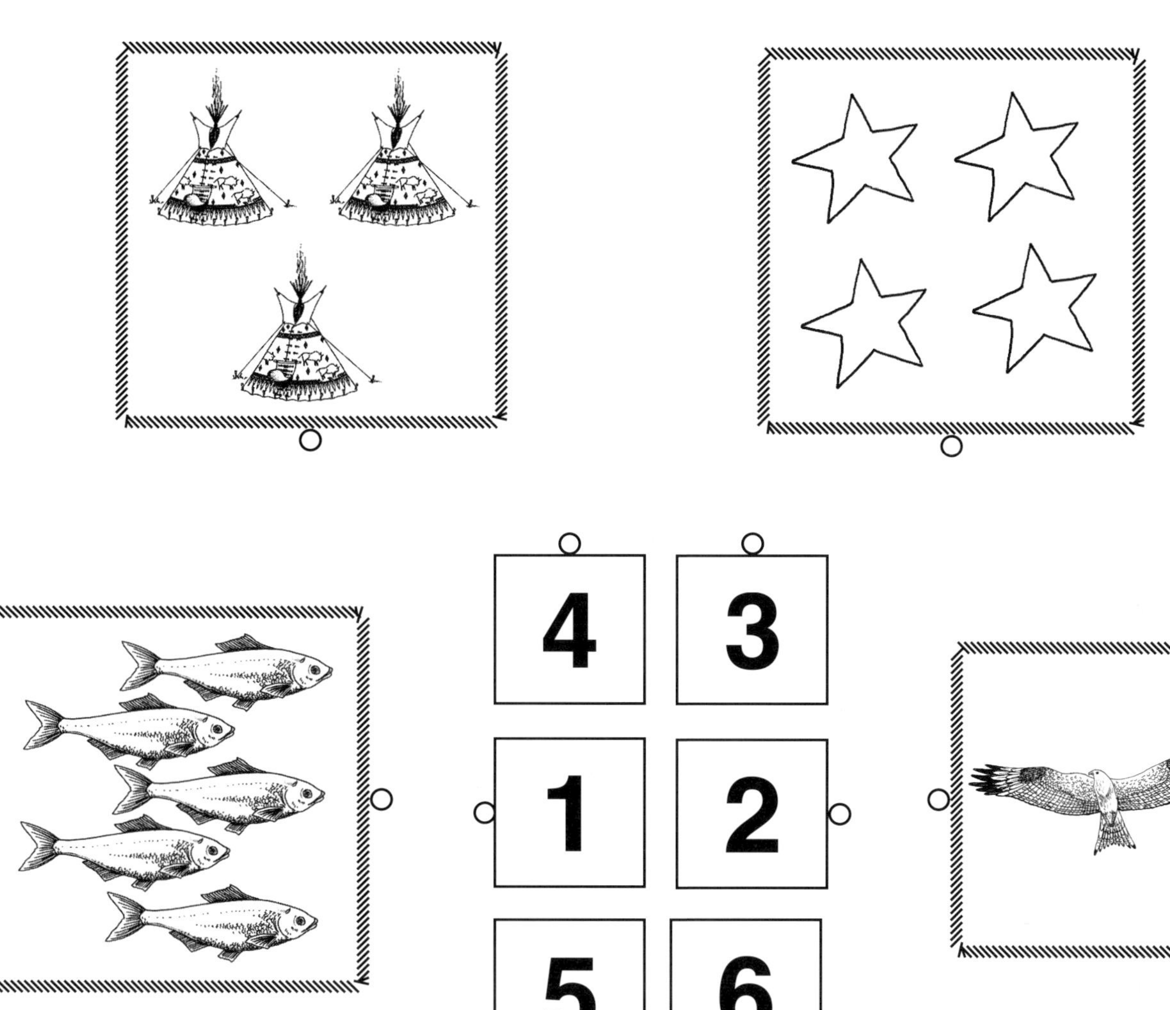

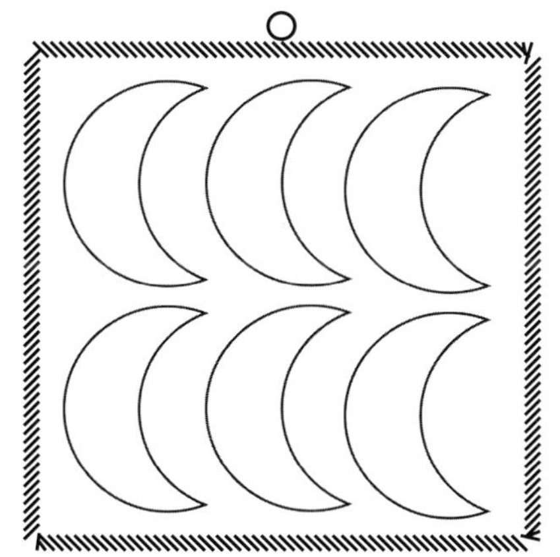

Bunte Perlenketten (ab 5 Jahren)

Arbeitsanleitung und Aufgabenvarianten (dazugehörige Aufgaben für die Kinder siehe unten, ausgewählte Aufgaben bitte ankreuzen):

1. Das Arbeitsblatt kopieren und Stifte bereitstellen.
2. Die Zahlen auf dem Arbeitsblatt mit verschiedenen Farben anmalen.
3. Zahlen ausmalen und die entsprechende Anzahl an Perlen und Perlenschnüren in einer Schale dazulegen.
4. Arbeitsblatt ausmalen und somit eine Farbreihe vorgeben. Perlen (in den Farben auf der Karte) und Perlenschnüre in einer Schale dazulegen.

Aufgaben:

☐ 1. Flinke Feder und Strahlende Sonne fädeln Perlenketten auf. Hilf ihnen, indem du entsprechend der Zahl die Perlen anmalst. Beginne immer links.

☐ 2. Male die Perlen entsprechend der Zahl **und** der Farbe aus.

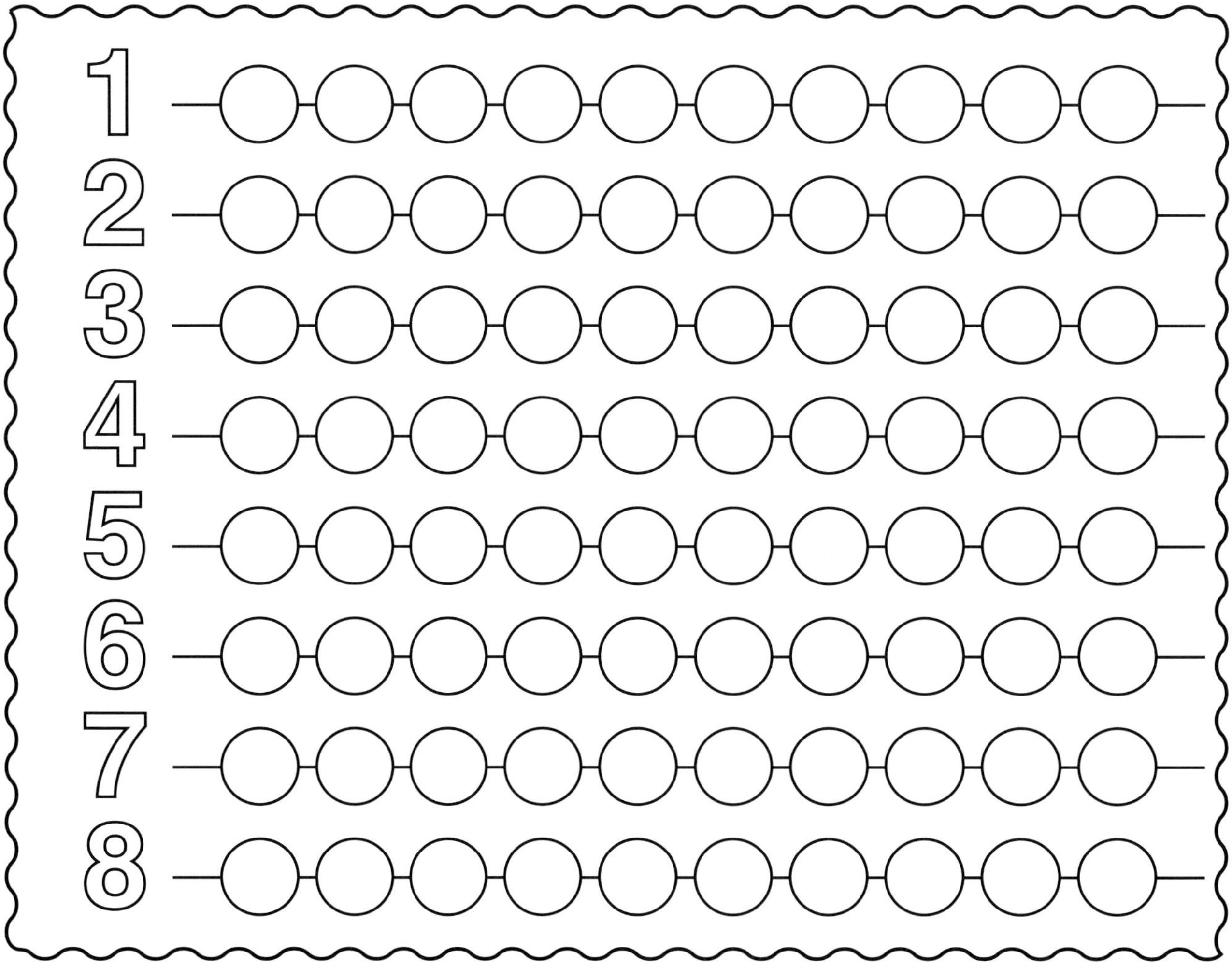

1

2

3

4

5

6

7

8

(bitte bei Bedarf hochkopieren)

Geschichtenfest (ab 2 Jahren)

Zum Abschluss des Projektes können Sie mit den Kindern ein wildes Apachen-, Sioux- oder Blackfoot-Fest feiern. Gedenken Sie dabei der Stämme der indigenen Völker Amerikas, indem Sie zum Beispiel die Speisen und Getränke (Seite 30 – 32) anbieten.

Bringen Sie den Gästen die Kultur der Stämme näher und spielen oder basteln Sie folgende Angebote:

- Silhouetten Domino, S. 9
- Memo-Spiel, S. 9
- Bau eines Regenmachers, S. 16
- Bau einer Trommel, S. 17
- Bälle filzen, S. 18
- Traumfänger weben, S. 23

Auf den Spuren von den Apachen, Sioux & Co.

kannst du mit uns feiern!

Sei pünktlich am ______________________

zur ________ Stunde im „Wigwam" unserer Kita.

Der Stamm erwartet dich.

Schick uns ein Zeichen, ob du kommst

und zu wie vielen ihr kommt.

Rauchzeichen:

Wir kommen mit ________ Personen.

Welche Tipis gehören zusammen? (ab 4 Jahren)

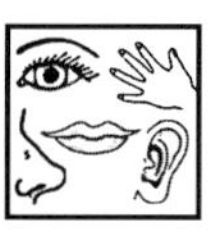

Aufgaben:

Immer zwei Tipis sind gleich.

1. Finde sie und verbinde sie.
2. Male sie gleich an.

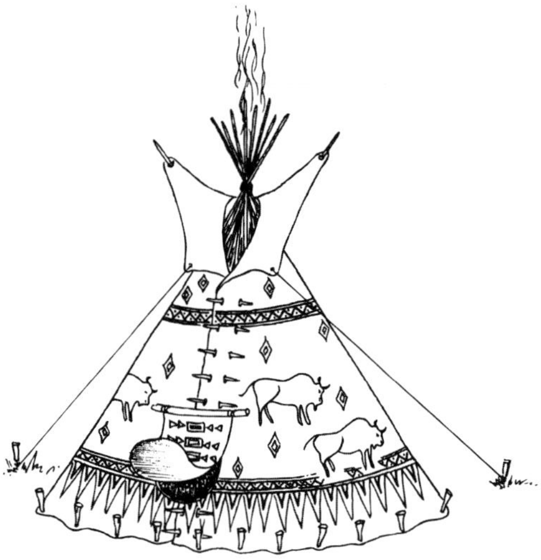

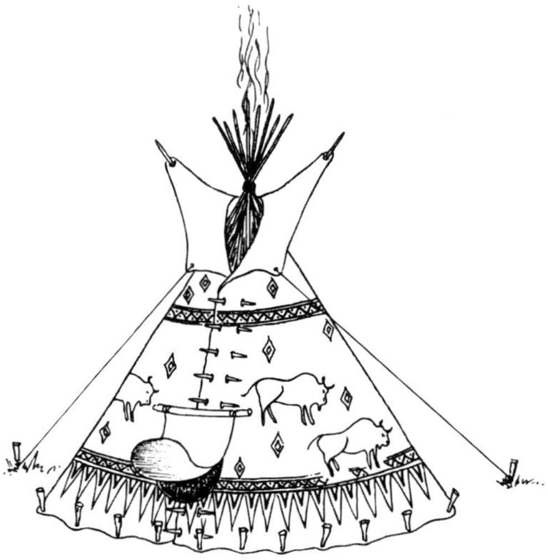

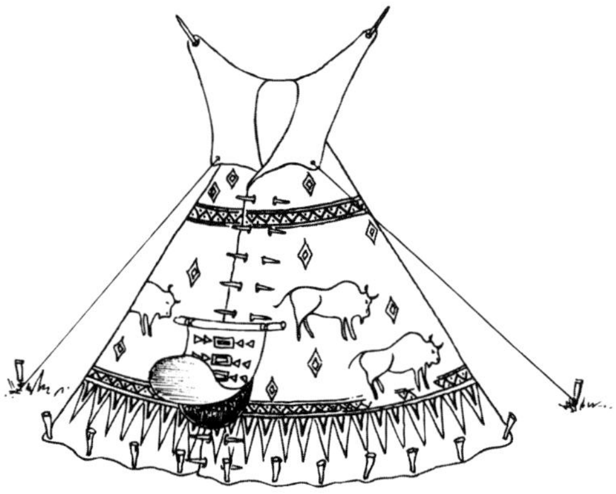

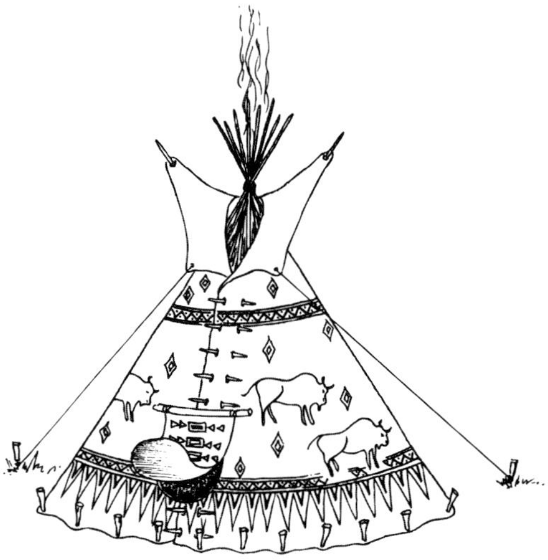

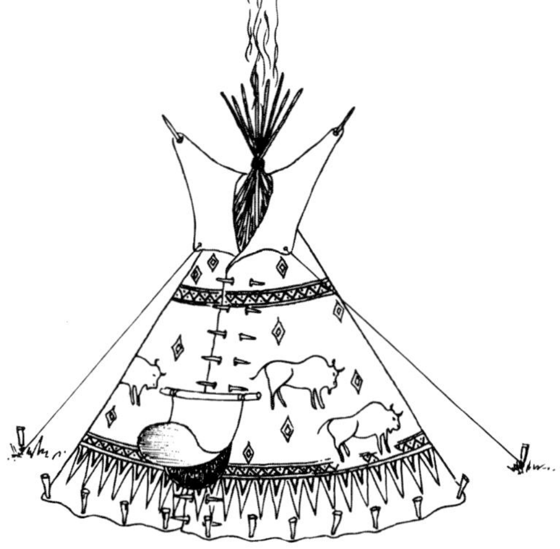

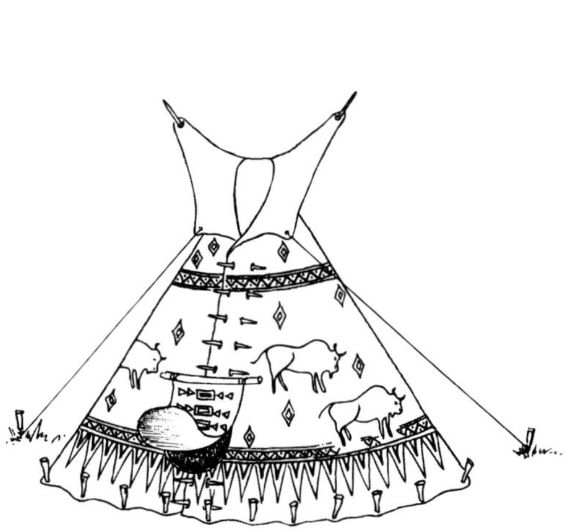

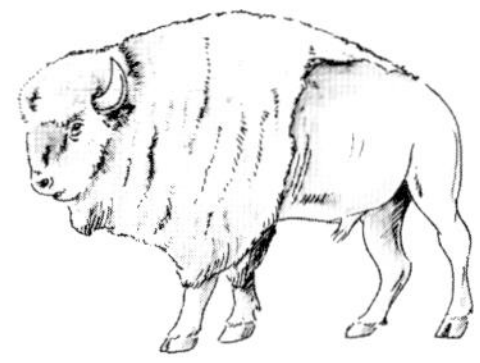

Pawnee-Kunstwerke (ab 4 Jahren)

Aufgabe:

Welche Farbe haben diese Dinge?

Male die Perlenketten in den richtigen Farben an.
Beachte die Reihenfolge.

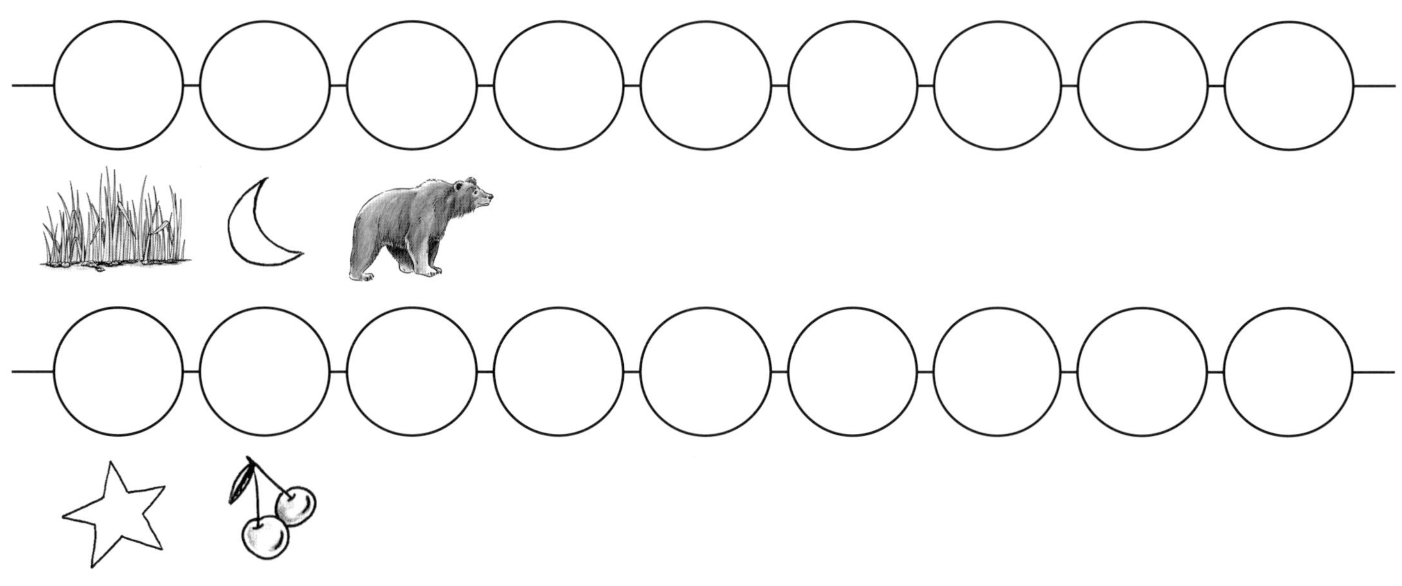

Flinke Feder auf Spurensuche (ab 4 Jahren)

Das ist eine Bärentatze:

Aufgabe:

Wo siehst du Bärentatzen? Male sie farbig aus. Es müssen 5 sein.

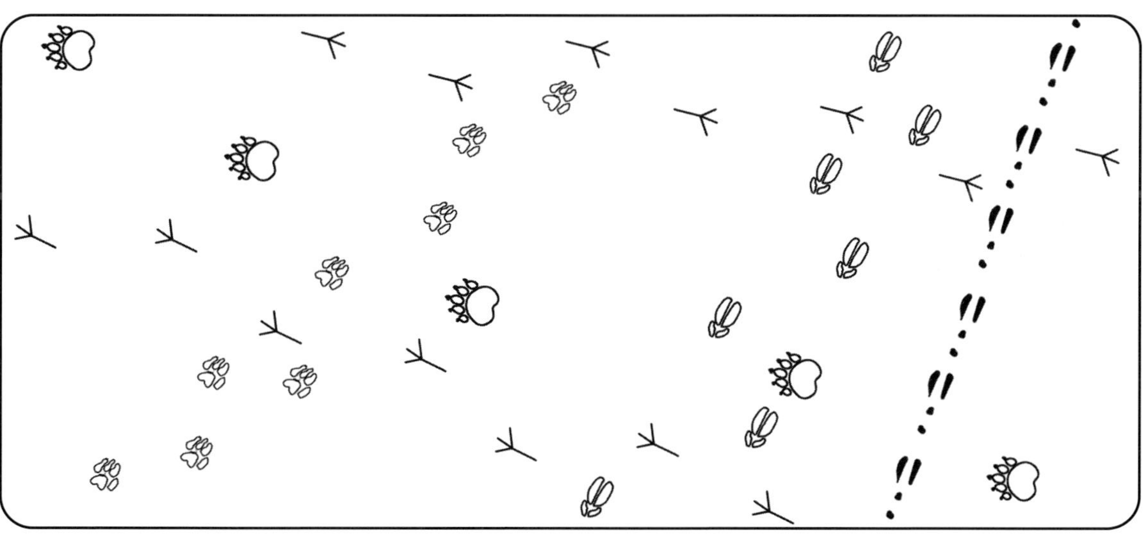

(bitte bei Bedarf hochkopieren)

BVK • Birgitt Lokan: Kita aktiv „Projektmappe Apachen, Sioux & Co."

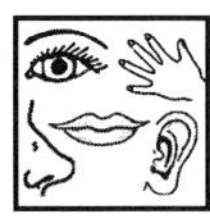

Blackfoot-Mandala (ab 4 Jahren)

Aufgabe:

Male an.

Tipp:
Kopieren Sie das Mandala auf Architektenpapier und laminieren es nach dem Ausmalen. Anschließend schneiden die Kinder ihr Mandala aus und erhalten so ein leuchtendes Fensterbild. Da das Mandala durch das Laminieren auch wetterfest wird, kann man es als Baumschmuck in den Garten hängen. Wenn die Kinder mit Filzstiften malen, erhält man einen besonders leuchtenden Farbeffekt.

BVK • Birgitt Lokan: Kita aktiv „Projektmappe Apachen, Sioux & Co."

Wege zum Fluss (ab 4 Jahren)

Aufgabe:

Zeichne für alle Tiere, die im Wasser leben, einen Weg zum Fluss!

Massagebälle und Massagerollen (ab 2 Jahren)

Material:

Zeitungspapier, angerührter Kleister, verschiedene Stoffreste (Fell, dünnes Leder / Kunstleder, Sackleinen, Frottee / Nicki etc.), Klebstoff, Schale mit warmem Wasser, evtl. Backblech, Backpapier, Backofen, Handtuch

Arbeitsanleitung:

1. Reißen Sie mit den Kindern die Zeitung in kleine Stücke und weichen Sie diese in etwas warmem Wasser ein. Anschließend rühren Sie angerührten Kleister unter die Masse und lassen es einige Stunden ziehen (am besten über Nacht), sodass eine kräftige Pappmachémasse entsteht.
2. Im nächsten Arbeitsschritt formen die Kinder nun Bälle oder Rollen (etwa in der Länge von Toilettenpapierrollen) und lassen diese gut trocknen. Dies kann mehrere Tage dauern. Den Trocknungsvorgang können Sie im Sommer beschleunigen, indem Sie die Figuren in die Sonne legen oder auf einem mit Backpapier ausgelegten Backblech bei 100 °C im Backofen trocknen. Lassen Sie die Backofentür einen kleinen Spalt offenstehen (zusammengerolltes Handtuch dazwischenklemmen), damit die Feuchtigkeit entweichen kann.
3. Die Kinder können nun ihren Ball / ihre Rolle mit Stoff, Fellen oder Leder beziehen. Dazu breiten sie ein großes Stück davon auf dem Tisch aus, bestreichen es mit Klebstoff und wickeln ihren Ball / ihre Rolle vorsichtig hinein. Das fertige Teil ruhen lassen, bis der Klebstoff getrocknet ist.

Tipp:

Die Kinder können sich in einer Traumstunde bei einer Geschichte gegenseitig massieren (ohne Wirbelsäule!).

Bewegungsspiel „Büffel und Jäger“ (ab 3 Jahren)

Material:
1 Softball, Nüsse, Nussschalen oder bunte Federn entsprechend der Anzahl der Kinder (1 Nuss ist mit Filzstift bemalt / 1 Federfarbe ist nur 1x vorhanden) in einem blickdichten Beutel

Spielregeln:
Ein Kind ist der Jäger, alle anderen sind die Büffel. Die Auslosung, wer Jäger sein darf, kann zum Beispiel durch Ziehen von Nüssen / Nussschalen / Federn aus einem blickdichten Beutel geschehen. Eine Nuss ist mit Filzstift bemalt bzw. eine Federfarbe ist nur einmal vorhanden. Jedes Kind darf nun etwas aus dem Beutel ziehen.
Wer die bemalte Nuss bzw. die Feder, die nur einmal vorhanden ist, gezogen hat, ist der Jäger, der die Büffel jagen darf. Die Büffel verteilen sich in der Turnhalle und laufen vor ihm weg.
Der Jäger erhält einen Softball, mit dem er nun die Büffel treffen muss. Wer getroffen ist, setzt oder legt sich hin. Das Spiel ist beendet, wenn alle Büffel getroffen worden sind.

Varianten:

1. Das Spiel ist beendet, wenn nur noch drei Büffel übrig sind.
2. Das Spiel kann wiederholt werden. Der letzte Büffel ist dann der Jäger.
3. Wer getroffen ist, darf sich schon umziehen.
4. Es werden zwei oder drei Jäger ausgelost, die die Büffel jagen.

Maiskörner transportieren (ab 3 Jahren)

Material:
1 Tablett mit einer leeren Müslischale, zweite Müslischale mit (harten) Maiskörnern, 1 Pinzette, 1 Teelöffel

Spielregel:
Die Maiskörner werden mit der Pinzette in die leere Schale transportiert.

Varianten für jüngere Kinder:
1. Gib die Maiskörner einzeln mit Daumen und Zeigefinger in die leere Schale.
2. Fülle die Maiskörner mit einem Teelöffel in die leere Schale (hierfür die andere Schale mit mehr Körnern füllen).

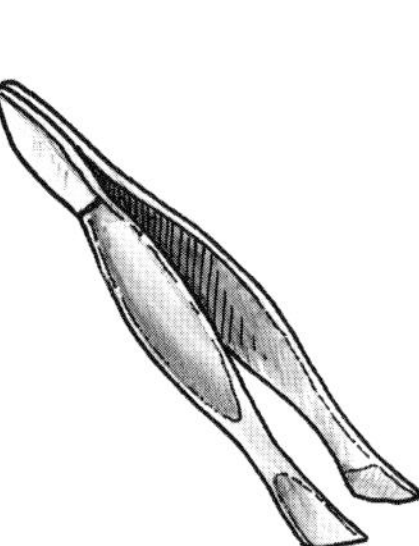

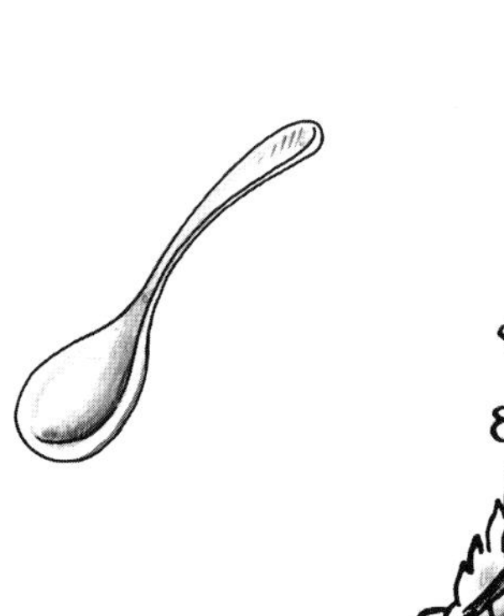

Namens-Memo (ab 4 Jahren)

Dieses Spiel braucht einige Übung. Am besten beginnt man mit einer kleinen Gruppe von 6 – 8 Kindern und erhöht allmählich die Anzahl der Mitspieler.

Material:
pro Kind einen Stuhl (Stuhlkreis)

Spielregeln:
Zwei Kinder verlassen den Raum. Sie müssen später die jeweiligen Pärchen erraten.
Die übrigen Kinder finden sich zu Paaren zusammen und erhalten vom Spielleiter (= Erzieher*in) einen gemeinsamen Stammesnamen (z. B. Brauner Bär, Fliegender Stern, Schnell wie der Blitz, Schlauer Fuchs, Adlerauge, Großer Fuß, Schillernder Fisch etc.). Dann gehen alle Kinder einzeln kreuz und quer durch den Stuhlkreis und rufen ihren Namen. Die beiden Kinder werden von draußen hereingerufen und sollen nun aus dem ständig gerufenen Namenwirrwarr die Kinder herausfinden, die als Paar zusammengehören. Die gefundenen Paare setzen sich nebeneinander auf einen Stuhl im Stuhlkreis. Soll das Spiel noch einmal gespielt werden, darf das zum Schluss übriggebliebene Pärchen hinausgehen und die Namen werden neu verteilt.

Geschicklichkeitsspiel „Büffeljagd“ (ab 4 Jahren)

Material:
4 Gymnastikstäbe, 2 Jutesäcke (mit Zeitungspapier ausgestopft)

Spielregeln:
Die Kinder bilden Paare und müssen ihren erlegten Büffel (= ausgestopften Jutesack) so schnell wie möglich auf zwei parallel zueinandergehaltenen Gymnastikstäben zu einem vereinbarten Ziel tragen. Der Büffel muss dabei so balanciert werden, dass er nicht herunterfällt. Dieses Spiel eignet sich auch gut als Wettspiel.

Variante:
Die Stangen mit dem Büffel müssen auf den Schultern bis zum Ziel getragen werden.

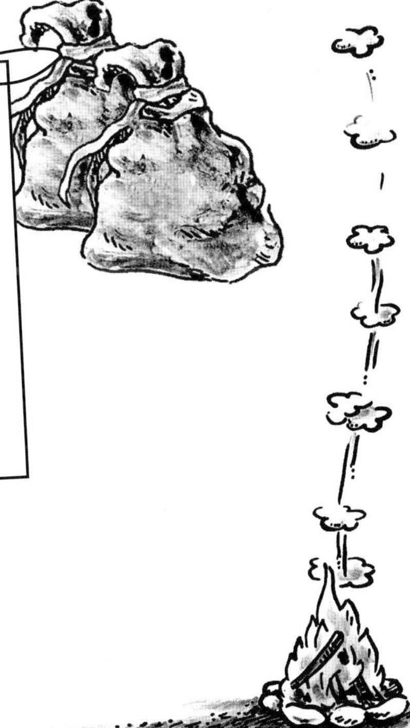

BVK • Birgitt Lokan: Kita aktiv „Projektmappe Apachen, Sioux & Co.“

Apachenspiel (für 4 – 5 Kinder, ab 4 Jahren)

Material:

1 (Holz-)Schale, für jedes Kind eine Spielkarte s. u.
(Tipp: Karten laminieren und für die Kästchen beim Spielen einen Folienstift verwenden), 3 Pflaumenkerne, die von einer Seite bemalt sind, für jedes Kind einen Stift (evtl. einen abwaschbaren Folienstift)

Spielregeln:

Die Spieler sitzen auf dem Boden oder am Tisch im Kreis zusammen. Der jüngste Spieler beginnt. Er schwenkt die Schale mit den Pflaumenkernen kurz hoch, sodass die Kerne nach oben fliegen und in die Schale zurückfallen.
Für jeden Kern, der mit der bemalten Seite nach oben liegt, darf dieser Spieler ein Kästchen ankreuzen. Gewonnen hat, wer als Erster alle Kästchen angekreuzt hat.

Vorlagen „Spielkarten“:

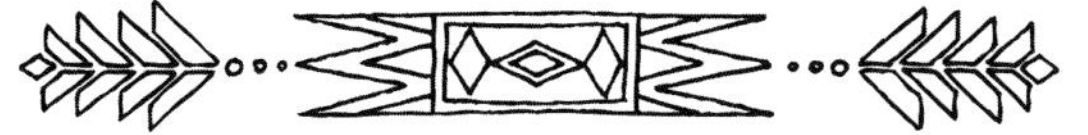

Leuchtender Stern (für 4 – 6 Kinder, ab 4 Jahren)

Material:
Kreide, 50 Sternenkarten s. u., für jedes Kind 3 Kieselsteine

Vorbereitung:
Vervielfältigen und laminieren Sie die Sternenkarten, sodass Sie, je nach Spielerzahl, etwa 40 – 60 Stück haben.

Spielregeln:
Dieses Spiel spielt man am besten draußen. Zeichnen Sie mit Kreide drei ineinanderliegende Kreise auf Pflastersteine und kennzeichnen Sie den äußeren Kreis mit einer 1, den mittleren mit einer 2 und den kleinsten inneren mit einer 3.
In etwa 2 – 3 m Entfernung zeichnen Sie eine Wurflinie.
Jedes Kind bekommt drei Kieselsteine. Nun stellen sich die Kinder hintereinander hinter der Wurflinie auf und versuchen nacheinander, ihre drei Steinchen in das Spielfeld zu werfen und eine möglichst hohe Punktzahl zu erzielen.
Jedes Kind erhält für den Wert der Kreise, in dem seine Steine liegenbleiben, die entsprechende Anzahl an Sternenkarten. Das Spiel ist nach einer vereinbarten Anzahl an Durchgängen, oder wenn alle Sternenkarten aufgebraucht sind, beendet. Sieger ist, wer zum Schluss den höchsten Sternenkartenstapel hat.

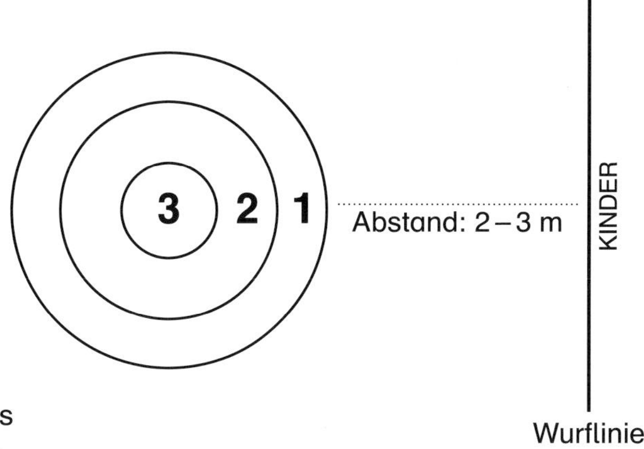

Vorlagen „Sternenkarten":

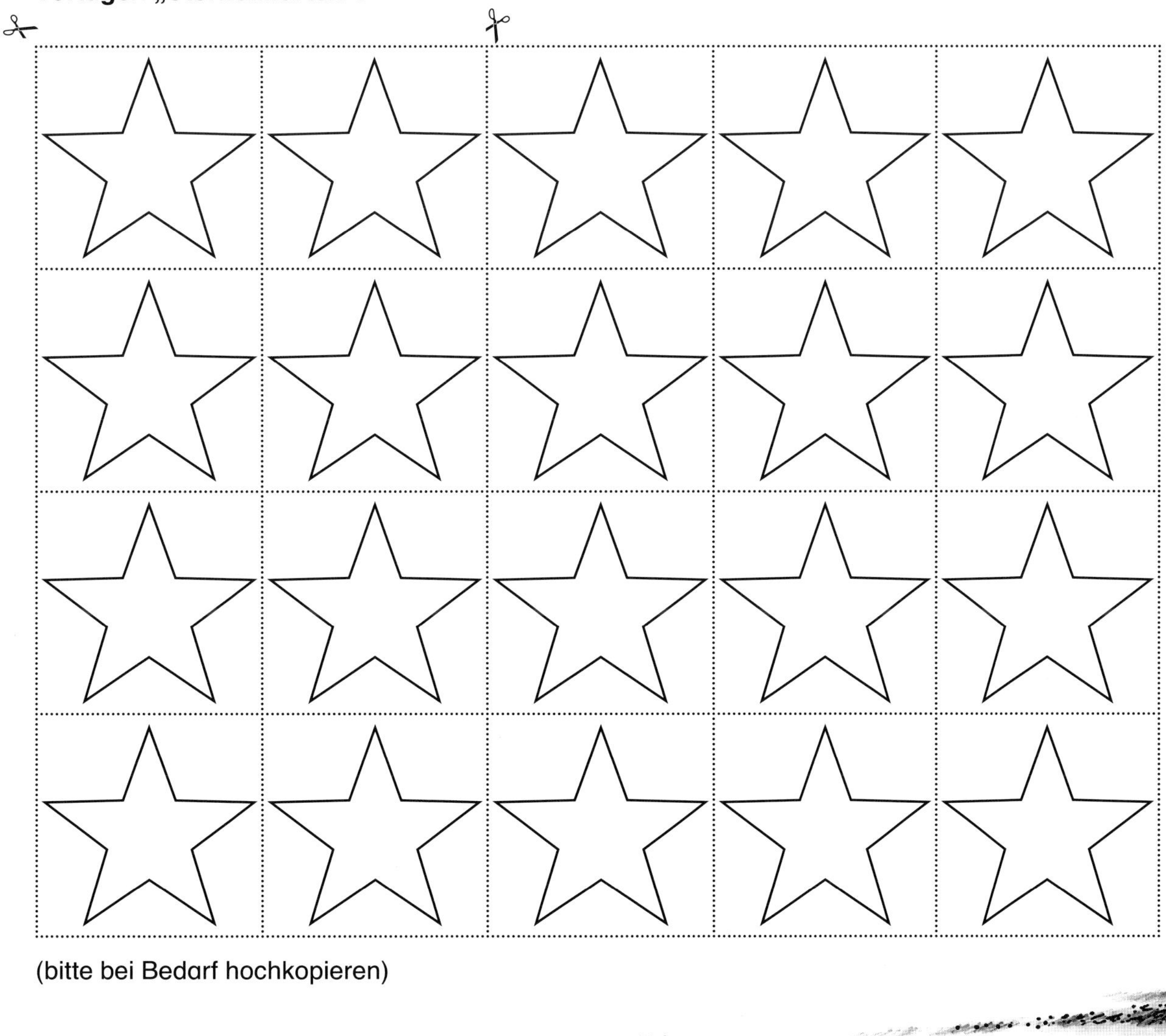

(bitte bei Bedarf hochkopieren)

Lösungen

„Häuptling-Sudoku", Seite 37–38:

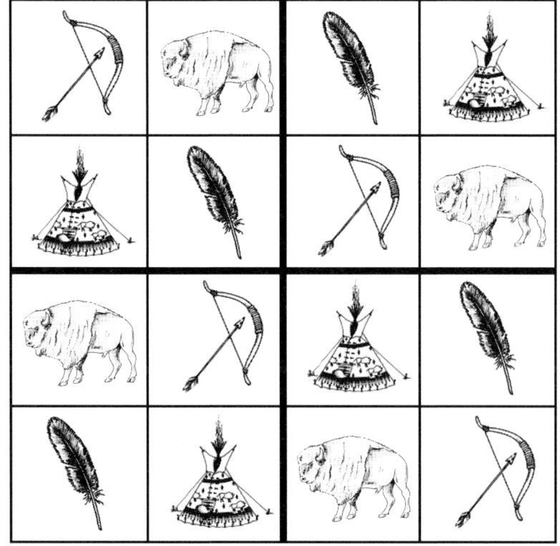

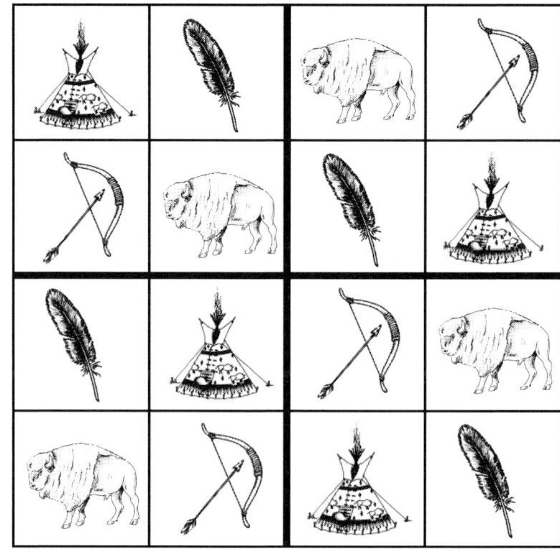

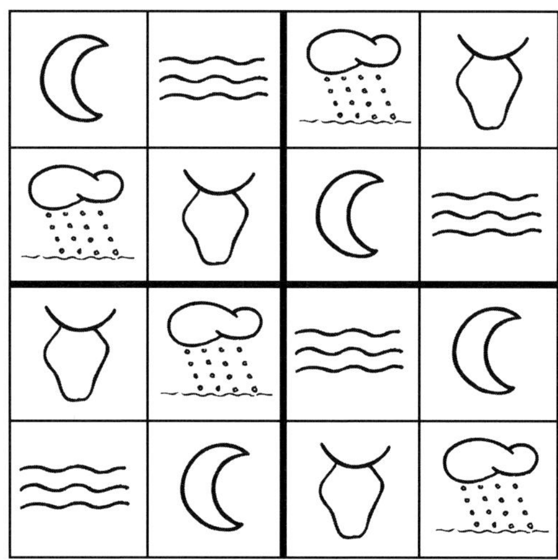

„Welche Tipis gehören zusammen?", Seite 44:

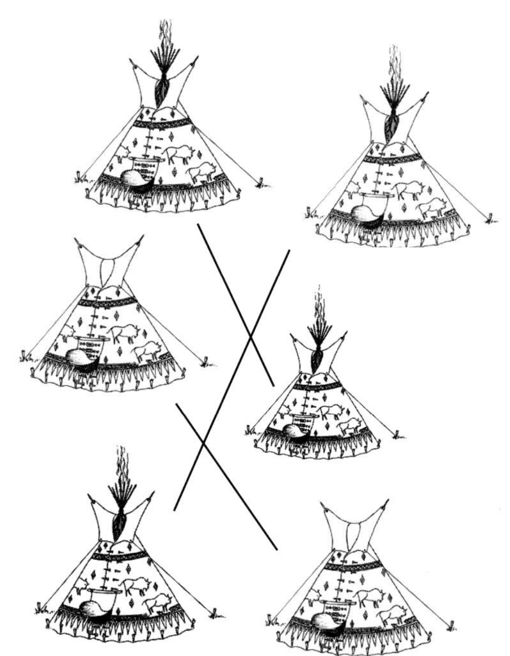